AF525212

O.W. BARTH

Ulli Olvedi

Hinter den Schneebergen

Sagenhafte Geschichten
aus dem alten Tibet

O.W. BARTH

Besuchen Sie uns im Internet:
www.ow-barth.de

Originalausgabe Februar 2018

Ein Imprint der Verlagsgruppe
Droemer Knaur GmbH & Co. KG, München

Redaktion: Susanne Härtel
Covergestaltung: atelier-sanna.com, München
Coverabbildung: s_jakkarin, naytoong, shutterstock.com
Illustration im Innenteil: Leska/Shutterstock.com
Satz: Daniela Schulz
Druck und Bindung: CPI books GmbH, Leck
ISBN 978-3-426-29272-3

2 4 5 3

Inhalt

Prolog

Der alte Pemba drückte seine Zigarette aus und schenkte sich Chang, das Bier des alten Tibets, aus einer Plastikflasche nach. Hinter dem Balkon des Mietshauses, in dem er mit seiner Frau lebte, erhoben sich die Vorberge des Himalaja, die das weite Kathmandu-Tal einschließen.

»Es waren die Geschichten, die uns gerettet haben«, sagte er und bekräftigte diese Aussage mit einem tiefen Schluck. Über sein verwittertes Nomadengesicht zog kurz der Schatten eines nie völlig vergangenen Schmerzes. »Die Flucht damals war so lang und so schwer.«

Dreizehn Jahre war er alt, als seine Familie 1959 mit Onkeln und Tanten und mehreren Kindern über den verschneiten Himalaja nach Nepal floh, immer in Angst vor chinesischen Patrouillen und in großer Gefahr, im Schnee oder in Eisstürmen zu erfrieren.

»Wenn wir Glück hatten, fanden wir eine geschützte Stelle zum Übernachten«, erzählte er in seiner langsamen Art. »Am besten unter einem Felsüberhang. Dort rückten wir mit unseren Schlaffellen ganz eng zusammen und bauten uns ein Nest, und dann erzählte unser Papa eine der alten Geschichten. So voller Angst, erschöpft und immer hungrig inmitten dieser wilden Berge, schufen die Geschichten eine andere Welt, die ebenso wichtig zum Überleben war wie unsere Schlaffelle.«

Ein kleines Lächeln erschien in Pembas Augen, die nach

innen blickten, zurück in dieses lang vergangene Nest fragiler Geborgenheit.

»Unser Papa war ein wunderbarer Geschichtenerzähler. Er wusste immer, welche Art von Geschichte gerade die richtige war. Manchmal war es eine lange Geschichte, in der viel Aufregendes passierte, manchmal eine kurze, lustige. Wenn es hieß, die Chinesen seien uns auf der Spur, oder wenn uns ein Schneesturm überfiel, hatte er immer eine Geschichte bereit, die uns allen Hoffnung gab. Natürlich war er nicht der Einzige, der Geschichten erzählen konnte, aber er war der Beste. Er erzählte spannend, machte die richtigen Pausen und er konnte die Farben der Geschichten mit seiner Stimme malen.«

Wieder folgte ein sinnendes Schweigen, dann erhellte ein heiteres Schmunzeln sein Gesicht.

»Wir hatten nicht nur Geschichten, die erzählt wurden, manche Geschichten konnte man singen. Beim Wandern, wenn der Weg nicht steil war und keine Gefahr drohte, fing unsere Mama oder eine der Tanten mit einer Liedgeschichte an. Der folgte ein Vers, den alle mitsangen. Wieder trug sie ein Stück der Geschichte vor, und dann sangen wir erneut zusammen den gemeinsamen Vers. Diese Verse kannten alle, auch die Kleinen. Das machte uns fröhlich, selbst dann, wenn es gar keine lustige Geschichte war.«

Er trank sein Glas aus und füllte es erneut aus der Plastikflasche.

»Mmmh, Chang«, sagte er. »Das schmeckt nach Zuhause, nach der Jurte, nach Schaffell und Ziegenkäse und Rauch. Am schönsten war es, wenn ein wandernder Geschichtenerzähler vorbeikam. Dann gab es herrliche dicke Suppen mit viel Trockenfleisch und die Kinder durften tief in den Beutel mit getrockneten Aprikosen greifen. Und wenn es dunkel wurde, kamen Verwandte aus den umliegenden Jurten dazu, denn der Besuch eines Geschichtenerzählers war etwas ganz Besonderes. Da saßen wir alle zusammen, die Gesichter vom Herdfeuer beleuchtet, auf dem Schrein brannte eine Butterlampe und in die erwartungsvollen Stille hinein begann der Geschichtenerzähler: ›Es war einmal vor langer, langer Zeit …‹ Wenn er aber anfing: ›Onkel Tompa war einmal auf Reisen …‹, fingen alle an zu lachen und zu prusten, denn dann wusste jeder, jetzt kommt eine richtig freche Geschichte. Aber Geschichten von Onkel Tompa wurden meistens am Schluss erzählt, wenn die Kinder schon eingeschlafen waren.

Es kam auch vor, dass der Besucher eine Geschichte erzählte, die wir schon kannten, die aber doch ein wenig anders war. Die Geschichten veränderten sich, so, wie Menschen sich mit der Zeit verändern, vor allem wenn sie in weit entfernte Gegenden wandern. Es gefiel uns, wenn die Geschichte ein neues Gewand hatte.

Wenn der Geschichtenerzähler weitergezogen war, war es das Vorrecht unseres Großvaters, am Abend die neuen Geschichten zu erzählen, in derselben Form wie die des Geschichtenerzählers. Und die Frauen sangen beim Kochen und beim Waschen am Fluss die neu gelernten Liedgeschichten. Wenn ich zurückdenke … das war ein wichtiger Teil unseres Lebens.«

Pemba schüttelte eine Zigarette aus seiner Marlboro-Schachtel.

»Ja, so war es«, sagte er nachdenklich. »Der Mensch braucht Geschichten.«

Das alte Tibet

Mit Tibet verbindet man im Allgemeinen – zumindest bis zur Annexion durch die Chinesen – die tibetisch-buddhistische Kultur in einem Land mit festen Landesgrenzen, regiert von buddhistischen »Gottkönigen«, den Dalai Lamas. Doch erst im siebten Jahrhundert wurde Tibet ein von kämpferischen Königen beherrschtes mächtiges Königreich. Bis dahin war das wilde Bergvolk dieses extremen Hochlands lediglich in Clans zusammengeschlossen, aus denen sich die kleinen autonomen Freistaaten in Kham im Osten und Amdo im Nordosten entwickelten. Die Clanführer wurden Gyalpo, Herrscher, genannt und entsprachen etwa den Königen in den europäischen Märchen. Diese Klein-Könige spielen in vielen tibetischen Geschichten eine Rolle.

Die Tibeter lebten vor allem als Nomaden, denn selbst wenn sie in den fruchtbaren Tälern des Südens und Ostens Landwirtschaft betrieben, waren doch die Nutztiere – Yaks, Ziegen und Schafe – ihr wichtigstes Gut, und die brauchten wechselnde Weiden. Die nomadische Lebensform hat die größtmögliche Nähe zur Natur, und so sind sich die Menschen der Macht, der Wohltaten und der Gefahren der Natur bewusst, die sowohl verehrt als auch gefürchtet wird. Wie in allen alten Gesellschaften üblich, haben die tibetischen Nomaden die Natur als mächtiges Du erlebt, mit dem sie eine Beziehung aufnahmen und diese pflegten. Die Kräfte der Natur wurden nicht als abstrakt erlebt, sondern als lebendig, und damit war eine Kommunikation möglich, die wir heute als »Magie« bezeichnen.

In dieser magischen, animistischen Welt des vorbuddhistischen Tibets entstanden viele Geschichten, die noch heute erzählt werden. Es war eine Welt voller Naturgeister und Dämonen, freundlichen und gefährlichen Wesenheiten, die ins alltägliche Leben miteinbezogen werden mussten. Diese Art, der Umwelt zu begegnen, wurde vom Buddhismus, der sich ab dem achten Jahrhundert in Tibet zu verbreiten begann, vor allem von der ältesten Traditionslinie des tibetischen Buddhismus zu einem gewissen Grad integriert und hatte bis zur chinesischen Okkupation Mitte des zwanzigsten Jahrhunderts ihren natürlichen Anteil am tibetischen Alltagsleben.

So ist zum Beispiel der Potala in Lhasa, der im siebzehnten Jahrhundert auf einem Hügel inmitten eines ausgedehnten Flusstals erbaut wurde, eng mit dieser rücksichtsvollen Beziehung zur Natur verknüpft. Für diesen riesigen, burgartigen Palast wurde immens viel Baumaterial gebraucht, das man dem weiten Gelände hinter dem Hügel entnahm. Dadurch entstand ein See, in dessen Mitte man eine Insel aufschüttete und darauf einen wunderschön ausgestatteten kleinen Tempel für die Nagas, die mächtigen Wasser- und Erdgeister, errichtete. Jedes Neujahr mussten die vier Minister der tibetischen Regierung in diesem Tempel den Nagas Opfergaben darbringen und sich für die Beschädigung der Erde entschuldigen. Dies war nicht nur ein Ausdruck der Achtung, sondern auch eines tiefen, überlieferten Wissens um die Verbindung und Interaktion der universellen Elemente mit den individuellen Elementen, aus denen der Mensch besteht.

Unter Tibet wird meist nur das zentrale Tibet mit seiner

Hauptstadt Lhasa verstanden, aber Tibet, das »Dach der Welt«, besteht aus vielen verschiedenen Kulturregionen und umfasst ein riesiges Gebiet von zweieinhalb Millionen Quadratkilometern, das durchschnittlich über viertausendfünfhundert Meter hoch liegt. Der tibetische Kulturraum reicht weit über die aktuellen Landesgrenzen hinaus und umfasst den gesamten gebirgigen Rand, der das Hochplateau teilweise umschließt – Himalaja, Karakorum und Kunlun Shan. Da das Hochplateau von mächtigen Gebirgsketten durchzogen ist, deren bis zu mehr als sechstausend Meter hohe Pässe man nur reitend oder gar nur zu Fuß überqueren konnte, entwickelten sich in einzelnen Regionen eigene Dialekte und Bräuche, die sich von West nach Ost stark voneinander unterschieden. Deshalb finden sich in den alten Geschichten viele verschiedene Einflüsse aus angrenzenden Kulturen, und gerade diese Mischung macht den tibetischen Geschichtenschatz so attraktiv.

Tibet ist ein überwältigend schönes und zugleich klimatisch extremes Land. Zentraltibet und der westliche Teil sind trocken, da der Himalaja den Monsunregen aus dem Süden weitgehend abschirmt. Es heißt, dass sich innerhalb von vierundzwanzig Stunden in Tibet alle vier Jahreszeiten abspielen können. Bei direkter Sonneneinstrahlung kann es sehr heiß werden, aber die dünne Luft in diesen Höhen vermag die Wärme nicht zu halten. Kaum ist die Sonne weg, fallen die Temperaturen bis zu minus vierzig Grad. Flüsse mit wenig Tiefe frieren in der Nacht zu und beginnen morgens wieder aufzutauen. Wer sie überqueren will, muss bis zur späten Nacht warten, und wer morgens Wasser holen will, muss Löcher ins Eis schlagen oder die starke Sonne ihr Werk tun lassen. Mitten im Sommer muss man in den Bergen mit Schneeschauern rechnen, während im trockenen Zentraltibet Sandstürme nicht selten sind, und es heißt, dass die Sonne einen von vorn verbrennt, während man gleichzeitig hinten Frostbeulen bekommt. Im Osten Tibets hingegen, in dem sich die großen Flüsse teilen, ist das Klima feuchter. Früher, vor der Okkupation durch die Chinesen, gab es in bis zu viertausend Meter Höhe ausgedehnte Wälder, dazu einen Reichtum an Wildtieren und weite, trotz der Höhe fruchtbare Täler mit blühender Landwirtschaft.

Die geeignete Bekleidung der Nomaden im alten Tibet für Männer wie Frauen war die Chuba, ein Schaffell oder Stoff aus Schafwolle in der Form eines Mantels, der vorn übereinandergeschlagen und mit einem Strick um die Mitte festgebunden wurde, wobei oberhalb des Stricks diverse Gegenstände in den Mantel gesteckt werden konnten. Arme Leute besaßen oft nur diesen Mantel, ohne Hose und Schuhe. Die Ärmel dieses niemals gewaschenen Kleidungsstücks reichten weit über die Hände und konnten so auch als Handschuhe dienen. Wenn es zu warm wurde, schlüpfte man aus einem Ärmel heraus. Bauern bei der Feldarbeit ließen gelegentlich den zweiten Ärmel fallen und arbeiteten mit freiem Oberkörper. Auch die Frauen machten es so, da unbedeckte Brüste nicht als unsittlich galten.

Mit der Zunahme bäuerlichen, mehr sesshaften Lebens veränderte sich auch der Kleidungsstil. Es wurde gesponnen und gewebt, gefärbt und genäht und manche Anregung kam mit Karawanen aus China und Indien. Dennoch spielte Kleidung nie eine besonders gewichtige Rolle. War Reichtum vorhanden, wurde er durch kostbaren Schmuck aus Silber, Türkisen, Bernstein und aus Indien importierten Korallen zur Schau gestellt. Es war die große Freude der Frauen, bei festlichen Gelegenheiten ihr gesamtes bewegliches Hab und Gut am Körper zu tragen – als Gürtel,

Halsketten, Ohrgehänge und aufwendigen Kopfschmuck. Die verschiedenen Schmucksteine hatten auch magische Bedeutungen; vor allem der Türkis sollte verhindern, dass man als Esel wiedergeboren wurde.

Viele Jahrhunderte lang hat sich in der Lebensweise der tibetischen Nomaden und Bauern nichts verändert. Sie war nach westlicher Vorstellung mittelalterlich, urbanes Leben gab es nicht. Entwicklung und Kultivierung kam mit dem Buddhismus, fand aber nur auf der geistigen Ebene statt. Dies geschah in den vielen Klöstern, die ab dem achten Jahrhundert in Tibet entstanden, oder auch in der Stille von Einsiedeleien und Höhlen. Doch parallel dazu gab es den Volksglauben voller Geistwesen und Dämonen, und dass große spirituelle Meister auch über schamanische Fähigkeiten verfügten, galt keineswegs als Widerspruch.

Dieser sehr lebendigen Welt entstammen die hier nacherzählten Geschichten in aller Vielfalt, und sie spiegeln, wie das bei Geschichten so ist, das spezielle Lebensgefühl des tibetischen Volkes. Mögen auch in manchen Geschichten Details auf Ursprünge außerhalb Tibets hinweisen, so wurden sie doch durch häufiges Wiedererzählen immer tibetischer eingefärbt und gehören zum bunten Schatz der wundersamen Geschichten des Landes auf dem Dach der Welt.

Geschichten aus sehr alter Zeit

Die ältesten Geschichten entstammen dem frühen oder »primitiven« Bön, der vorbuddhistischen Kultur Tibets. Die ursprünglichen Mythen und Legenden wurden in Liedern und Erzählungen überliefert und viele davon wurden auch nach Einführung der Schrift nur mündlich weitergegeben. Erst in neuer Zeit tauchten sie teilweise in historischen Texten der noch heute lebendigen Tradition des Bön in der Form des Bön-Buddhismus und der tibetisch-buddhistischen Traditionen auf.

In diesen Überlieferungen entfaltet sich eine reiche mythische Welt vor dem Beginn der Menschheit, in der Götter, Halbgötter und Geistwesen aller Art lebten, die zwar sterblich waren, aber viel größere Lebensspannen hatten als das neue Menschengeschlecht.

Die Entstehungsgeschichte dieser reichhaltigen Welt reicht zurück bis in die Zeit, »bevor nichts war«. Kurz zusammengefasst: Aus dem Nichts entstand das Sein, aus dem Sein entstanden Vater und Mutter und aus deren Vereinigung entstand ein Ei. Aus dem Ei kamen zwei Vögelchen, und dieses Ereignis liegt einer ganzen Reihe von Fabeln zugrunde, die als »Die Geschichten des Sperlings« überliefert wurden. Deshalb spielen Vögel in diversen Märchen eine wichtige Rolle.

Unter den nicht menschlichen Wesen gibt es eine besondere Klasse von Halbgöttern, deren Geschichten in den

»Legenden der Masang« zusammengefasst sind. Diese Masang herrschten in Tibet, bis Menschen sich dort anzusiedeln begannen und Beziehungen aller Art zwischen den Menschen und den Masang entstanden. Manche Masang-Geschichten machen deutlich, dass die Masang mehr waren als »Dämonen« im allgemeinen Sinn. Eher waren sie Wesen zwischen Göttern und Menschen, manchmal Bedrohung, manchmal helfende Macht. Auch die ersten – legendären – Könige Tibets gehörten zu ihnen.

Viele Themen der tibetischen Märchen und Fabeln haben ihre Wurzeln im fruchtbaren geistigen Boden der alten, vorbuddhistischen Kultur.

Die ersten Tibeter

Die ersten Tibeter entstanden aus der Verbindung von einem Affen mit einer Bergdämonin.

Das kam so:

Am Anfang war gar nichts.

Daraus entstand das ursprüngliche Sein.

Daraus entstanden Licht, der Vater, und Strahl, die Mutter.

Daraus entstanden Dunkelheit und Helligkeit.

Ein Ei entstand und daraus kamen zwei Vögelchen hervor, ein schwarzes und ein weißes, Lichtvögelchen und Dunkelheitsvögelchen.

Durch sie entstanden weitere Eier.

Es war ein großes Entstehen und immer weiteres Entstehen.

Es entstand vieles ... zauberische Wesen, götterartig, dämonenartig, menschenartig, tierartig, in Welten, die noch nicht materiell waren.

Aus einer der großen Abstammungslinien ging ein magisch inkarnierter Affe hervor. Und mit diesem beginnt unsere Geschichte.

Der Affe, so wird erzählt, legte vor dem erhabenen Herrn des Vollkommenen Mitgefühls das Gelübde ab, die Lehre des Buddhas zu verwirklichen und erleuchtet zu werden. Um die Lehre verwirklichen zu können, musste er meditieren, und zu diesem Zweck schickte ihn der erhabene Herr des Mitgefühls in das Schneeland Tibet. Also ging der Affe nach Tibet, setzte sich in eine Höhle und meditierte über die erhabene Lehre vom Vollkommenen Mitgefühl.

In Tibet lebten viele Dämonen und so erfuhr eines Tages eine Bergdämonin von dem meditierenden Affen. Das beeindruckte sie sehr. Im Geist sah sie den Affen und verliebte sich augenblicklich in ihn, und dies in der Art der Dämonen, also besonders heftig. Sie dachte voller Leidenschaft an ihn, morgens, mittags und abends. Doch auf die Dauer genügte das nicht. Darum nahm sie die äußere Form einer begehrenswerten Äffin an und stellte sich vor die Höhle, in deren Eingang der Affe meditierte.

»Du kennst mich«, sagte sie, »und du willst mich. Hier bin ich.«

»O nein, nein! Ich will dich nicht wollen«, sagte der Affe entsetzt. »Wie könnte ich mein Gelübde brechen! Das ist unmöglich.«

Die Dämonin warf sich vor ihm nieder. »Ich bitte dich, rette mich«, sagte sie und vergoss große Dämonentränen. »Ach, ich habe das Leidenschaftskarma einer Dämonin. Wenn du mich nicht zur Frau nimmst, muss ich die Frau eines Dämonen werden, und wir werden unzählige Lebewesen töten und fressen und unzählige Dämonenkinder bekommen, die alle Lebewesen dieses Landes töten und fressen und das ganze Schneeland beherrschen werden. So ist das Karma, so wird es geschehen, wenn du es nicht verhinderst. Also bitte, erlöse mich und nimm mich zur Frau.«

Das brachte den braven Affen in große Gewissensnöte. Er hatte die Gelübde abgelegt, allen Maras zu widerstehen – dem Mara der Begierde, dem Mara der Aggression und dem Mara der Ignoranz. Wenn er die Gelübde brach, indem er sich mit einer Frau ergötzte, was schlechtes Karma bedeutete, würde er nicht erleuchtet werden. Wenn er die Gelübde einhielt, was gutes Karma bedeutete, würde er jedoch damit den Tod unzähliger Wesen verursachen, und das bedeutete wiederum furchtbar schlechtes Karma.

Was sollte er tun?

Da er trotz allen Nachdenkens zu keiner Lösung fand,

wandte er sich mit seinem Dilemma schließlich an den erhabenen Herrn des Mitgefühls. Der Erhabene sagte: »Nimm sie zur Frau!«, und gab seine gewaltige Segenskraft dazu.

Aus der Verbindung des Affen und der Dämonin entstanden sechs Kinder, die je aus einem der sechs Bereiche kamen. Das Affenkind aus dem Höllenbereich war freudlos, das Affenkind aus dem Hungergeisterbereich war ein hässlicher Vielfraß, das Affenkind aus dem Tierbereich war dumm, das Affenkind aus dem Halbgötterbereich war bösartig, das Affenkind aus dem Menschenbereich hatte viel Intelligenz, aber wenig Selbstvertrauen, und das Affenkind aus dem Götterbereich war brav.

Der Affe auf dem Tugendpfad brachte seine Kinder in ein schönes Land voller Früchte, das sie gut ernährte. Aber es dauerte nicht lange, da hatten sich die Affen durch die Macht des Karmas so sehr vermehrt, dass das Land sie nicht mehr ernähren konnte, und sie begannen zu hungern. Vater Affe begab sich zum erhabenen Herrn des Mitgefühls und jammerte, viel Ungemach sei über ihn gekommen, weil er sein Gelübde nicht gehalten habe auf Geheiß des erhabenen Herrn des Mitgefühls. Und weil er nun schon mal dabei war, einen Schuldigen zu suchen, klagte er auch seine Frau, die Bergdämonin, an und sagte, eine Ehefrau sei »der Kerker des Samsara«, ihretwegen sei er in den Sumpf des Leidens geraten. Nun solle sich bitte der Erhabene um die ganze Affenbande kümmern.

Der Erhabene streute Feldfrüchte aus, und alles wuchs ohne jegliche Arbeit, sodass die vielen Affenkinder satt wurden. Weil es ihnen so gut ging, schrumpften ihre Schwänze und sie verloren ihr Fell. Schließlich lernten sie sprechen und wurden zu Menschen. Von ihnen stammen die Menschen Tibets ab.

In den Menschen Tibets leben die Anlagen von Vater und Mutter weiter. Es heißt, dass diejenigen, in denen sich der Affenvater durchsetzt, sanftmütig, gläubig, mitfühlend und redegewandt seien, während diejenigen, in denen die Bergdämonin stärker ist, einen geilen und gierigen Charakter hätten, und zu streitlustigen, leichtsinnigen und zum Zorn neigenden Leuten werden.

So sind die Tibeter entstanden.

Pferd und Yak

Diese Geschichte, so wird gesagt, begab sich zur Zeit des Gestern von gestern von neunundneunzig, des Morgens von morgen. Damals lebten eine Stute und ein Hengst, die wohnten in der Himmelwelt. Es war ein gutes Leben dort, es gab saftiges Gras und reichlich Erbsen, auch Reis und Zuckerpflanzen. Aber plötzlich kam eine große Trockenheit, weit und breit war kein Wasser zu finden und das zuvor so fruchtbare Land gab keine Nahrung mehr. Da blieb ihnen nichts anderes übrig, als sich nach einer neuen Heimat umzusehen.

»Lass uns hinunter ins Tal gehen«, sagte der Hengst.

Im Tal fanden sie reichlich Wasser, und die Erde gab alles her, was sie brauchten. Sie waren sehr glücklich, freuten sich ihres Lebens und vergnügten sich miteinander, sodass sie bald einen Sohn bekamen. Dem folgte ein weiterer Sohn und dann auch noch ein jüngster. Sie waren eine glückliche Familie.

Aber wie es nun mal so ist mit dem Glück, es ist unbeständig. Die Kinder wurden groß und das Wasser und das Gras des Tals reichten nicht mehr für alle. Also beschlossen die drei Söhne, eine neue Heimat zu suchen.

Der Älteste ging zur Hochebene des Nordens, der Mittlere zum Hochland der Mitte und der Jüngste zu den Höhen der Wildnis. Überall dort auf dem hohen Land gab es zwar alles, was ein Pferdeherz begehrte, aber leider waren schon andere da – die Yaks. Und da die Yaks ebenso Wasser und Gras brauchten wie die Pferde, dauerte es nicht lange, bis es zum Streit kam zwischen Yak und Pferd.

Der Vater Yak und der älteste Pferdesohn beschlossen, der Streiterei ein Ende zu setzen, und trafen sich zum gütlichen Verhandeln. Der Vater Yak berief sich auf eine Anordnung vom höchsten Gipfel des Himmels, den sechs höchsten Väterlichen Herrschern, dass die Steppe des Flachlands das Gebiet der Pferde sei und das Hochland das Gebiet der Yaks. So sei es und so müsse es bleiben.

Der älteste Pferdesohn sah das nicht ein. »Gut und schön«, sagte er, »du sprichst von der Weisheit der sechs höchsten Väterlichen Herrscher. Es mag ja sein, dass das Pferd zuerst in der Steppe war und der Yak zuerst auf dem Hochland. Aber auf längere Sicht sollte man sich doch einigen können. Wasser und Gras können für beide Seiten reichen. Frisst der eine Gras, trinkt der andere Wasser. Trinkt der eine Wasser, frisst der andere Gras. Das lässt sich doch machen.«

Vater Yak war damit keinesfalls einverstanden und es kam zum Kampf. Vater Yak senkte seine Hörner und ging auf den Pferdesohn los, dieser wiederum schlug kräftig und geschickt mit seinen Hufen zu. Sie kämpften und kämpften bis zur völligen Erschöpfung. Schließlich siegte der Vater Yak und der Pferdesohn blieb tot auf dem Platz des Kampfes liegen.

Als die jüngeren Pferdebrüder wieder einmal ihr Wiehern nach dem Ältesten zur Ebene des Nordens schickten, bekamen sie keine Antwort. Beunruhigt machten sie sich auf den Weg, um ihn zu suchen. Aber alles, was sie auf der Nordebene von ihm fanden, waren die Reste seiner Knochen. Ein paar Yaks, denen sie begegneten, berichteten vom Kampf und dem Tod des Pferdesohnes. Obwohl sich die Brüder einig waren, dass sie ihren ältesten Bruder rächen müssten, war ihnen doch klar, dass sie dem starken Vater Yak unterlegen sein würden.

»Es hat keinen Sinn, weiterhin an Rache zu denken«, sagte der mittlere Bruder. »Lass uns lieber einen Ort finden, wo wir in Ruhe und Frieden leben können.«

Der Jüngste schlug vor, sie sollten ins Menschenland gehen, wo es keinen Streit zwischen Pferd und Yak gab, und dort heimisch werden. Sein Bruder hatte jedoch schon einiges vom Menschenland gehört und gewiss nicht das Beste.

»Keine gute Idee«, sagte er. »Dort legen sie dir Zaumzeug an, an dem du dir den Mund wund scheuerst, und sie setzen sich auf dich und packen dir Lasten auf, die du über lange, beschwerliche Wege schleppen musst. Du musst dauernd dienen und darfst nie laufen, wohin du willst. Was soll das für ein Leben sein?«

»Aber wohin könnten wir denn sonst gehen?«, wandte der Jüngste ein. »In den Steppen der Wildnis wächst nur hartes Zeug, das man kaum essen kann. Da will ich nicht hin. Es muss doch irgendeinen Ort geben, wo es sich gut leben lässt.«

Der mittlere Bruder ließ sich nicht überreden, mit ihm zu kommen, und so machte der Jüngste sich schließlich allein auf den Weg ins Menschenland. Dort traf er einen Mann, mit dem er handelseinig werden konnte. Es wurde genau abgemacht, wie viel Futter er bekommen sollte, und auch, dass er nur als Reittier würde dienen müssen. Lasten sollten die Maulesel tragen. Es war ein guter Handel, der Mann hielt sich daran und der Jüngste war mit seinem Leben zufrieden. Er wurde immer satt, musste nicht übermäßig viel arbeiten und sein Herr war zufrieden mit ihm. Bald wurde der Jüngste stolz auf seine gute Stellung. Er trug den Kopf hoch und schüttelte hoheitsvoll seine Mähne.

Eines Tages ritt der Mann über Berge und durch Täler und erreichte schließlich die Steppenwildnis, wo der mittlere Bruder lebte. Das war dem stolzen Jüngsten gar nicht recht. Er hoffte sehr, dass sie ihm nicht begegnen würden, denn er schämte sich, kein freies Pferd mehr zu sein. Der Mann zeigte glücklicherweise keine Neigung, sich in der

Steppenwildnis aufzuhalten, sondern durchquerte sie zügig und erreichte bald das Hochland im Norden.

Es konnte nicht ausbleiben, dass ihnen dort der Vater Yak begegnete. Darauf hatte der Mann nur gewartet. Er hielt die Schlinge bereit und fing den Vater Yak ein. Jetzt konnte der Jüngste seine Kraft und seine Schnelligkeit einsetzen, denn der Mann wollte den Vater Yak so lange ermüden, bis er ihn mit seinem Speer töten könnte. Der Vater Yak raste hin und her, Schweiß troff an ihm herunter, aber er konnte dem Mann nicht entkommen.

So starb Vater Yak. Der jüngste Bruder jubelte und rief hinaus in die Weite, dass alle es hörten und weitererzählten: »Vater Yak ist besiegt! Der älteste Bruder ist gerächt!«

Die Pferde hörten es.

Die Yaks hörten es.

Und es entstand Einigkeit.

Gesar von Lings Kindheit

In einer einfachen Hütte wurde ein Kind geboren, das so hässlich war, dass seine Mutter sich ganz schrecklich schämte. O nein, dachte sie, was für ein armseliger kleiner Wicht das ist, mit diesem riesigen Mund und Augen so schwarz wie die finsterste Nacht.

Aber dass dieses Kind die Wiedergeburt eines Göttersohns, des Königs von Ling, war und ein großer Kriegerkönig werden sollte, konnte die Mutter natürlich nicht ahnen, und auch nicht, dass der Göttersohn zuerst als Hagel vom Himmel gefallen war, bevor er sich in ihr niedergelassen hatte. Das war ungewöhnlich, konnte aber vorkommen.

Die Mutter nahm einen Sack, schnitt ein Loch hinein für den Kopf, zog ihn über das hässliche Kind und versteckte es, denn niemand sollte es sehen. Ach, wie sehr schämte sie sich!

Doch es konnte nicht ausbleiben, dass eine neugierige Nachbarin den Kopf zur Türe hereinstreckte und fragte: »Wo ist denn das Kind? Du hast doch ein Kind bekommen.«

Die Mutter druckste ein wenig herum und sagte schließlich: »Ja, schon. Aber es ist so hässlich, da schämt man sich halt.«

Es war jedoch eine Göttin, die in der Gestalt der Nachbarin nach dem Kind gefragt hatte, und die war mit der Antwort der Mutter alles andere als zufrieden.

»Einen Sohn kann man doch nicht so behandeln«, sagte sie. Ohne weitere Umstände nahm sie ihm den Sack ab, wickelte ihn in ein Tuch und fütterte ihn mit warmem Brei.

»Genauso wirst du es von jetzt an machen«, erklärte sie

der Mutter nachdrücklich, »denn du hast ein ganz besonderes Kind bekommen.«

Die Mutter beugte sich der Macht, die von der Nachbarin ausging, und widersprach nicht. Ich habe also ein besonderes Kind, dachte sie. Wie auch immer, besonders hässlich ist es auf jeden Fall.

Nach dem Tod des Göttersohnes hatte sich ein Clanführer, der Agu, zum Herrscher von Ling erhoben. Als dem Agu zu Ohren kam, dass der Göttersohn in einer einfachen Hütte wieder in die Welt gekommen war und als der wahre Herrscher in Zukunft eine Gefahr für ihn sein würde, befahl er sieben Priestern der alten Götter, das Kind zu töten. Da er nicht sicher war, ob sie seinem Befehl gehorchen würden, versprach er ihnen als Lohn die Hälfte vom Königreich Ling – das ihm, genau genommen, ja gar nicht gehörte.

Die Priester waren gierig und machten sich augenblicklich auf den Weg. Schnell hatten sie die Hütte gefunden und verlangten, das Kind zu sehen. Bei seinem Anblick nickten sie heftig mit den Köpfen und sagten zur Mutter: »Ja, ein wahrlich besonderes Kind hast du geboren. Wir werden es mitnehmen, damit es die Religion erlernen kann. Du weißt hoffentlich, dass es nichts Großartigeres für ein Kind gibt, als die Religion zu erlernen.«

Die Mutter fühlte sich sehr geschmeichelt, dass ihr Sohn, obwohl so schauderhaft hässlich, zu etwas Großartigem auserkoren war, und hatte nichts dagegen, dass die Priester ihn mitnahmen.

Wenig später öffnete die Göttin in der Gestalt der Nachbarin die Türe. »Wie geht es deinem Kind?«, fragte sie.

»Ich hab es nicht mehr. Männer nahmen es mit, damit es die Religion erlernen kann«, berichtete die Mutter stolz. »Weil er doch etwas Besonderes ist.«

Die Göttin war entsetzt. »Wie kannst du nur dein Kind einfach so hergeben!«, rief sie empört. »Erst steckst du es in einen Sack und tust, als wäre es gar nicht da, und dann gibst du es mir nichts, dir nichts weg. Du musst es sofort zurückholen!«

Die Mutter lief hinter den Priestern her so schnell sie konnte, über den Berg und die Ebene bis in den Wald. Dort fand sie ihr Kind gefesselt, und die Männer hatten ein großes Feuer entzündet, um es darin zu verbrennen. Sie schrie und kreischte außer sich in ihrer Hilflosigkeit, doch das Kind sagte nur: »Reg dich nicht auf, Mutter, das kann mir doch alles gar nichts anhaben.«

Die Fesseln zersprangen, das Feuer ging aus und die sieben Priester verwandelten sich in hässliche, schwarze Käfer, die eilig davonkrabbelten.

Der Agu wütete über das Misslingen seines Plans und ritt augenblicklich los, um sich des kleinen Göttersohns eigenhändig zu entledigen. Er ergriff Gesar vor den Augen der Mutter, die vor lauter Furcht vor dem mächtigen Agu und seiner Leibwache erstarrte, warf ihn vor sich auf sein Pferd und ritt davon. Er hatte einen grausigen Plan. Es gab in der Einsamkeit der hohen Berge einen mit giftigen Flechten bedeckten Felsen, und jedes Lebewesen, das damit in Berührung kam, wurde sofort mit brennenden, tödlichen Wunden überzogen. Zu diesem Felsen ritt er, packte den Kleinen an einem Fuß, schwang ihn über den Kopf und wollte ihn auf die giftigen Flechten werfen. Aber das Kind löste sich nicht von seiner Hand, als wäre es angebunden. Der Agu fluchte und holte noch weiter aus. Aber der kleine Gesar flog nicht, er blieb wie angewachsen fest an seiner Hand haften. Plötzlich wandte das Kind sich um, ergriff den Arm des Agu, als wäre der mächtige Mann leicht wie ein Vogel, und warf ihn mit Schwung in das giftige

Flechtengestrüpp. Der Agu schrie und schlug um sich und befreite sich schließlich, aber er konnte nicht verhindern, dass er schlimme Verbrennungen an den Armen und Beinen und im Gesicht davontrug, die lange nicht heilen wollten. Von da an versuchte der Agu nie mehr, das Götterkind zu töten.

Nach einiger Zeit, als der Agu mit zwei anderen Clanführern auf die Jagd ging und einen großen Yak erlegte, kam das Götterkind hinzu und sagte: »Ich habe ein Anrecht auf einen Anteil. Gib mir sofort meinen Anteil!«

Um seine Ruhe zu haben, willigte der Agu ein und gab ihm ein Bein des erlegten Yaks. Gesar trug es nach Hause, kam aber kurz darauf wieder und sagte: »Das eine Bein reicht meiner Mutter nicht. Ich will noch mehr.«

Der Agu wurde wütend, aber die anderen Agus sagten, man könne dem Kind ja noch Herz und Leber und Nieren geben, das würde die Mutter gewiss glücklich machen. Grollend ließ der Agu zu, dass der Kleine die Innereien in seinen Sack steckte und heimtrug.

Es dauerte nicht lange, da kam Gesar noch einmal zurück. »Meine Mutter möchte Verwandte einladen und ihnen ein Fest bereiten, dazu brauchen wir noch ein richtig gutes Stück.«

Der Agu brüllte: »Jetzt reicht es aber wirklich!«, und schlug das Kind mit einem gewaltigen Faustschlag nieder. Gesar fiel ohnmächtig zu Boden, aber das genügte dem wütenden Agu nicht, er wollte weiterprügeln, denn das war so seine Art. Doch die zwei anderen Agus hielten ihn fest und redeten beschwichtigend auf ihn ein. Das Kind gehöre schließlich zu ihrem Clan, sagten sie, das müsse man bedenken. Es wäre unklug, blutige Vergeltung herauszufordern. Das sah der Agu schließlich ein, und um ein für alle Mal Ruhe zu haben, übertrug er dem Kind die

Rechte für die beste aller Furten in seinem Herrschaftsgebiet. Damit war der kleine Gesar höchst zufrieden, denn nun konnte er von jedem Wegzoll verlangen, der den Fluss überqueren wollte. Natürlich auch vom Agu.

So wurde aus dem hässlichen Kind ein gewitzter Knabe, der alles, was er einnahm, seiner Mutter brachte und den Reichtum des Hauses mehrte.

So war Gesars Kindheit.

Von Magiern und Untoten

Zu den beliebtesten Themen tibetischer Geschichten gehören Abenteuer mit Untoten, auch »lebende Leichen« genannt. Es heißt, dass sie auf den im zweiten Jahrhundert gelebt habenden Nagarjuna zurückgehen, einen der wichtigsten buddhistischen Gelehrten und Meister in Nordindien, der die Lehre des Buddha von der ursprünglichen »Leerheit«, dem »abhängigen Entstehen« und den »zwei Wahrheiten« (relativ und absolut) mit großer Klarheit herausarbeitete. Aber als mythische Gestalt, zu der Nagarjuna mit der Zeit wurde, galt er auch als Magier, der seinen indischen Namen einer engen Verbindung mit mächtigen Schlangenwesen, den Nagas, verdankte. Sein Name ist mit »weißer Naga« zu übersetzen, wobei die Farbe Weiß auf Reinheit des Geistes, also Weisheit, hindeutet.

Von indischen Mythen inspiriert, verfasste Nagarjuna »Die Geschichte von der Goldenen Leiche«, die später in Tibet fantasievoll in vielen verschiedenen Versionen ausgestaltet wurde. In der ursprünglichen Geschichte musste ein Adept die »Goldene Leiche« in Debatten besiegen, um so an ihr Weisheitswissen zu gelangen, doch in den tibetischen Versionen wurde aus ihr ein listenreicher »Untoter« voller Raffinesse, der zwar keine ernsthafte Gefahr darstellte, aber zu gutem Zweck eingefangen und besiegt werden musste. In die geläufigen Erzählungen von diesem speziellen Untoten wurden dann nach und nach auch andere Geschichten miteingeflochten. Der originalen Geschichte am nächsten kommt »Der Bauernjunge und der Untote«. Es ist der Weise Nagarjuna, dem der Junge auf dem Berg begegnet, wobei der Junge, der den Untoten besiegt, der spätere Chandrakirti ist, der berühmte Kommentator von Nagarjunas zentralem Werk vom »Mittleren Weg«.

Aber es sind nicht nur die alten Geschichten, in denen es zu magischen Begegnungen kommt. Das Leben mit Geistern ist unter den Tibetern heute noch aktuell, wie dieses Beispiel aus dem letzten Jahrhundert zeigt:

»Ich ging nichts ahnend den Berg hinauf«, berichtete der junge Jampa, der nach seiner Flucht aus Tibet in einem Flüchtlingsdorf im indischen Himalaja lebte. »Es war Mittag und auf dem Weg war nichts los. Da kam mir ein Mann entgegen, mit einer Zigarette in der Hand. Er hielt sie an den Mund und ich sah, dass sie nicht brannte. Klar, er wollte Feuer, also hielt ich ihm mein Feuerzeug hin. Er sagte nichts, nickte nur und ging weiter. Ich dachte nicht weiter nach, fragte mich nur, warum er in den starken Sonne mit seiner Glatze ohne Hut unterwegs war.«

Als Jampa am Abend in das Dorf zurückkehrte, waren alle in heller Aufregung. Auf der anderen Seite des Berges war ein Mann erstochen worden. Die Frau, die ihn mittags gefunden hatte, sagte, sie habe zuerst das Blut gar nicht gesehen, weil seine Jacke dunkelrot war, und dass sein Hut weit entfernt von ihm gelegen habe. Den habe sie nämlich gesucht, weil der Mann doch eine Glatze hatte. Man laufe doch bei der starken Sonne nicht ohne Hut herum.

»Als ich das hörte, dachte ich, das kann doch nicht sein«, sagte Jampa. »Der Weg, auf dem ich den Mann mit der roten Jacke und der Glatze ohne Hut getroffen hatte, war ganz woanders.«

Es stellte sich heraus, dass der Mord etwa zu der Zeit geschehen war, als Jampa dem Geist des Getöteten begegnete.

Ob das wohl ein Untoter war? »Mit Untoten kenne ich mich nicht aus«, sagte Jampa und lachte. »Unsere Alten glauben noch daran. Aber ich weiß nicht …«

Der Bauernjunge und der Untote

Vor langer, langer Zeit lebten in einem schönen Tal am Rand der Berge, die Tibet umgeben, drei Jungen. Einer war der Sohn eines Königs, der zweite war der Sohn eines reichen Händlers und der dritte war der Sohn eines armen Bauern. Die drei waren Freunde.

Eines Tages beschlossen sie, auf einen hohen Berg zu klettern und dort dem Berggott zu opfern, um ihn gnädig zu stimmen. Das galt als sehr verdienstvolles Unterfangen und war zugleich ein geeigneter Zeitvertreib. So machten sich die drei Jungen munter auf den Weg.

Nachdem sie ein Drittel des steilen Pfades den Berg hinauf bewältigt hatten, dachte der Sohn des Königs, dass man von jemandem seines Standes solch eine Plage eigentlich nicht verlangen könnte, und sagte: »Oje, mir tun die Füße weh. Tut mir leid, aber ich kehre um. Wer das Reiten gewöhnt ist wie ich, kann eben nicht klettern wie eine Ziege.«

Dagegen ließ sich nichts einwenden. Also gab der Königssohn dem Sohn des Bauern sein Bündel mit den Opfergaben und stieg den Berg wieder hinunter, während die beiden anderen den steilen Aufstieg fortsetzten.

Nach dem zweiten Drittel gab der Sohn des reichen Händlers auf. Er dachte, dass dieses Unternehmen auch für ihn zu mühevoll sei und dass es schließlich nichts Reales zu gewinnen gäbe, und sagte: »Glaub mir, ich wäre wirklich gern hinaufgegangen, und es würde vielleicht mein Karma verbessern, aber es ist einfach zu viel für mich. Ich bin das Klettern nicht gewohnt.« Er überreichte dem Sohn des Bauern sein Bündel mit den Opfergaben, zog Käse und Fladen aus seiner Chuba und ließ sich zu einer ausgedehnten Rast nieder.

»Willst du nicht mit hinunterkommen?«, fragte er. »Es ist doch noch sehr weit bis zum Gipfel.«

Aber der Sohn des armen Bauern wollte vollenden, was er sich vorgenommen hatte, zumal ein Opfer für den Berggott Schutz vor Naturkatastrophen für die ganze Region bedeutete.

»Geh du nur wieder runter«, antwortete er. »Mir macht es nichts aus, allein weiterzugehen.«

Auf dem Berg, nahe dem Schrein des Berggottes, lebte in einer Höhle ein Einsiedler, ein würdiger alter Mann mit langen, weißen Haaren.

»Was willst denn du hier oben?«, fragte der Einsiedler.

»Ich will dem Berggeist opfern«, sagte der Bauernsohn, »damit er unser Land beschützt.«

Der Einsiedler nickte anerkennend. »Das ist schön. Du hast ein gutes Herz. Was hast du denn für Opfergaben?«

Der Junge öffnete die drei Bündel. »Meine beiden Freunde, der Prinz und der Kaufmannssohn, wollten nicht so weit gehen«, erklärte er, »deshalb haben sie mir ihre Opfergaben mitgegeben. Die haben viel schönere Gaben als ich. Meine Familie hat nur ein kleines Feld und ein paar Ziegen, das reicht kaum zum Überleben. Darum konnte ich nur ein wenig Gerste mitbringen.«

»Sehr verdienstvoll«, sagte der Einsiedler.

»Ich habe gedacht«, erklärte der Junge, »ich könnte den Berggott auch bitten, mir einen Weg zu zeigen, damit ich mehr aus meinem Leben machen kann, als Ziegen zu hüten. Aber das ist vielleicht zu viel verlangt.«

Dem Einsiedler gefiel dieser Bauernsohn. »Wenn du willst«, sagte er, »kannst du in meiner Höhle übernachten.«

Der Junge bedankte sich, und so sehr beeindruckte ihn der weise alte Mann, dass er darum bat, bei ihm bleiben zu dürfen. Also lebten sie eine Weile zusammen, und der Junge, ohne sich dessen bewusst zu sein, lernte von dem Einsiedler die große Kunst der Geisteszähmung.

Eines Tages sagte der Einsiedler: »Mein Junge, du bist nun so weit, dich auf den Weg zu einer großen Prüfung zu begeben. Du musst wissen, dort unten auf der anderen Seite des Berges gibt es eine große Schädelstätte, wo ein Untoter mit dem Namen Regen der Wünsche haust. Bisher konnte niemand ihn überwältigen. Er hat großes Geschick darin, jeden in ein Gespräch zu ziehen, doch wer sich darauf einlässt, hat verloren. Wenn du es fertigbringst zu schweigen, auf nichts zu antworten, wie sehr er dir auch schmeichelt und dich provoziert, kannst du ihn besiegen und damit den kostbarsten Schatz erringen, den es gibt – die Weisheit zum Wohl aller Wesen.«

Das erschien dem Jungen als ein sehr erstrebenswertes Ziel, wahrhaftig viel besser als Ziegenhüten. Der weise Einsiedler gab ihm einen neuen Namen, ein Lasso und einen magischen Sack und schickte ihn mit seinem Segen auf den Weg ins Tal.

Als der Junge zur Schädelstätte kam, lag dort der Untote gemütlich unter einem Baum.

»Sei gegrüßt«, sagte der Untote höflich, »wie schön, einen Gast zu haben. Ich habe so selten jemanden, mit dem ich reden kann. Das ist schmerzlich, denn ich liebe intelligente Gespräche. Du siehst aus wie einer, der was zu sagen hat. Lass uns über den Sinn des Einsiedlerlebens debattieren. So zu leben ist Blödsinn, würde ich sagen, eine nutzlose Nabelschau. Was meinst du?«

Der Junge konnte kaum an sich halten, den frechen Untoten zurechtzuweisen und ihm klarzumachen, wie weise der Einsiedler auf dem Berg war, bei dem er gelebt und viel Wertvolles gelernt hatte. Mit Mühe unterdrückte er die Worte, die aus ihm heraussprudeln wollten.

Der Untote wiegte den Kopf. »Ich sehe schon, du bist keiner, der zu debattieren versteht. Vermutlich bist du gekommen, weil du weißt, dass ich die magische Fähigkeit habe, alle Wünsche zu erfüllen.« Er bewegte seine Knochenfinger mit einer hochnäsigen Geste. »Das hat sich wohl herumgesprochen.«

Der Junge fragte sich, ob der Untote wirklich alle Wünsche erfüllen konnte. Der Einsiedler hatte nichts davon gesagt. Er schwieg und schaute ungläubig drein.

»Na ja«, sagte der Untote, »vielleicht wusstest du es bis jetzt nicht. Die Bittsteller, denen ich ihre Wünsche erfüllt habe, erzählen es vielleicht nicht weiter. Die meisten Menschen sind ja unglaubliche Neidhammel. Sie gönnen den anderen nicht, dass auch ihre Wünsche erfüllt werden. Ist es nicht so?«

Kann schon sein, dachte der Junge, das trifft bestimmt auf viele zu, die ich im Dorf kenne. Fast wären ihm die Worte herausgerutscht. Aber er besann sich rechtzeitig und untersagte sich sogar zu nicken.

Der Untote verzog sein Gesicht in einer Weise, die vielleicht ein Lächeln sein sollte. Aus seinen eingesunkenen Augenhöhlen traten große, bleiche Augäpfel beschwörend hervor.

»Sag schon, junger Mann«, flüsterte er, »was ist dein größter Wunsch? Ich kann ihn dir erfüllen. Augenblicklich.«

Dem Jungen lag auf der Zunge zu sagen: Ein gutes Leben für mich und meine ganze Familie. Wie gern hätte er das gesagt! Aber er presste fest die Lippen zusammen.

»Du glaubst mir nicht, dummer Junge? Ich beweise es dir. Wünsche dir etwas, das du sofort sehen, sofort fühlen kannst. Einen großen Sack voll kostbarstem Gold und Silber? Den edelsten Hengst mit dem aufwendigsten Sattelzeug, das man je gesehen hat? Ein wunderhübsches

Mädchen mit allem, was dran sein soll?« Mit den Händen zeichnete er gackernd vor Lachen die erfreulichsten Rundungen. »Na, sag schon, was willst du haben?«

Oh, wie verlockend das war! Es heißt, dass manche Untote magische Kräfte haben, dachte der Junge. Wenn er es nun tatsächlich beweist, jetzt gleich, in diesem Augenblick?

Aber der weise Einsiedler hatte gesagt, er müsse unter allen Umständen schweigen. Es ging um nichts weniger als ein Leben voller Weisheit zum Wohl aller Wesen. War dies nicht der großartigste aller Wünsche? Also schwieg er beharrlich und starrte den Untoten mit unerschütterlicher Entschlossenheit an.

»Langweiliger Kerl«, knurrte der Untote, nun gar nicht mehr so selbstsicher. Plötzlich sprang er auf und rannte davon. Doch der Junge war schneller. Er fing ihn mit dem Lasso ein und steckte ihn in den magischen Sack.

Nun musste der Untote dem Jungen alle Weisheit lehren, die er in seinen unzähligen Leben gesammelt hatte. So wurde der Bauernjunge tatsächlich ein großer Gelehrter und Weiser, dessen Schatz der Weisheit durch seine Schüler und die Schüler der Schüler und die Schüler der Schüler der Schüler viele Jahrhunderte bis heute überdauert hat.

Der Prinz und die sieben Magier

Es war einmal ein Prinz, der einzige Sohn seiner königlichen Eltern und ihr größtes Glück. Seine Schwestern waren schöne und kluge Mädchen, für die sich gute Edelmänner gefunden hatten, doch am meisten liebte das Elternpaar den jungen Prinzen. Viele Gebete und Opferrituale hatten sie im größten Kloster des Landes in Auftrag geben müssen, bis endlich der lang ersehnte Sohn geboren wurde. Wie hatte sich das Volk mit dem König und der Königin gefreut! Im ganzen Land hatte man tagelang Feste gefeiert, denn eine Gelegenheit zum Feiern wurde in diesem Königreich niemals versäumt.

Der Prinz wuchs zu einem ansehnlichen jungen Mann heran mit gutem Benehmen, klugem Geist und hervorragenden Reitkünsten. Im ganzen Königreich wurde er gepriesen. Das gefiel ihm sehr, aber es war nur ein kleines Königreich, und er machte sich Gedanken, wie er über dessen Grenzen hinaus berühmt werden könnte. Manche Yogis, die jahrzehntelang in Höhlen meditiert hatten, wurden weit und breit als geistige Helden gepriesen, aber dieser Weg zum Ruhm dauerte dem Prinzen zu lang, und er bezweifelte, dass er es längere Zeit ganz allein in einer Höhle oder Einsiedelei aushalten würde. Es gab auch berühmte Kämpfer, die viele Feinde besiegt hatten, aber es herrschte Frieden im Land und mit Überfällen war nicht zu rechnen.

Und dann gab es noch die berühmten Magier. Vor ihnen hatten die Leute am allermeisten Respekt. Der Prinz wäre gern ein Magier geworden, wusste jedoch nicht, wo er einen geeigneten Lehrer finden könnte. Zunächst vergnügte er sich mit der Vorstellung, wie er durch fremde Königreiche reisen würde und sein Ruhm ihm vorauseilte, wie selbst Könige sich vor ihm verneigen würden und insgeheim seine Macht fürchteten. Doch das befriedigte ihn bald nicht mehr, und so machte er sich, als Pilger verkleidet, auf den Weg, um einen Meister der Magie zu finden.

Das war nicht so einfach. Mal wurde ihm ein Magier genannt, der sich dann nur als ein schlichter Einsiedler erwies, lediglich fähig, hin und wieder in der Meditation ein bisschen herumzufliegen. Ein anderes Mal schickte man ihn zu einer angeblichen Magierin, die sich jedoch nur auf magisches Heilen verstand. Als der Prinz schon recht entmutigt war, berichtete ihm ein alter Nomade von sieben Magierbrüdern, die tief im Gebirge hausten. Sie verfügten, so erzähle man sich, über höchst ungewöhnliche magische Fähigkeiten und könnten sich sogar in Tiere verwandeln. So mancher habe schon nach ihnen gesucht, aber keiner sei zurückgekommen.

»Schlag dir diese Magier lieber aus dem Kopf, junger Mann«, sagte der Nomade, »sonst wird es noch ein böses Ende nehmen. Entweder wirst du unterwegs das Opfer einer Bergdämonin oder die Magier verzaubern dich in weiß der Himmel was.«

Doch der Prinz ließ sich nichts sagen und wanderte drauflos in das unwegsame Gebirge. Der Nomade hatte sich nämlich nach einigem Zögern doch entlocken lassen, wo ein verborgener Pfad in die Berge hineinführte. Diesem folgte der Prinz Tag für Tag, schlief im Schutz von Felsen oder gelegentlich auch in der Hütte eines Ziegenhirten. In sehr felsigem Gelände war der Pfad oft nicht mehr sichtbar, aber der Prinz gab nicht auf und suchte so lange, bis er wieder eine Spur entdeckte. Schließlich führte ihn sein Karma zu einem Haus, das sich in einem Hochtal zwischen zerklüfteten Felsen duckte. So gut versteckt war es, dass er es fast übersehen hätte.

Erschöpft klopfte er an die Tür. Niemand öffnete, und

auch der Stall war leer, aber alles wies darauf hin, dass sich häufig Pferde darin aufhielten, also musste hier jemand wohnen. Der Prinz hoffte inständig, es möge das Haus der Magier sein. Also setzte er sich an die Hauswand und wartete. Unversehens schlief er ein.

Es war schon Nacht, als das Geräusch von Pferdehufen und Stimmen ihn weckte. Im Schein des fast vollen Mondes sah er, dass sich sieben Reiter näherten, und er atmete erleichtert auf. Das mussten sie sein, die sieben besonderen Magier.

Er sei von hoher Geburt, erklärte der Prinz stolz auf ihre Fragen. Er wolle ihr Schüler sein und die Magie erlernen. Dabei zeigte er die kostbaren Edelsteine, die er ihnen dafür geben wollte. Die Magier, wilde Kerle mit langen Bärten, lachten schallend.

»Ein Magier will er werden!«, sagte einer und schlug sich aufs Knie. »Nun, dann soll er doch was lernen.«

Seine kostbaren Steine solle er behalten, sagten die Magier, aber da er nun mal den langen Weg auf sich genommen habe, dürfe er drei Tage lang ihr Schüler sein. Sie verriegelten die Haustür und schickten ihren Gast zum Schlafen in den Stall zu den Pferden.

Am nächsten Morgen lernte der Prinz, die Rufe von Fasanen, wilden Ziegen und Schneeleoparden nachzuahmen, sodass er diese Kunst für die Jagd verwenden konnte.

»Das ist aber keine großartige Zauberei«, sagte der Prinz enttäuscht. »Ich möchte etwas Besseres lernen.«

Wieder lachten die Magier. »Etwas Besseres will er lernen!«, sagte einer. »Striegle die Pferde, vielleicht darfst du dann noch etwas lernen.«

Dem Prinzen blieb nicht anderes übrig, als die Pferde zu striegeln, bis seine Gastgeber wegritten. Erst am Abend kamen sie zurück.

Am nächsten Morgen lehrten ihn die Magier, Felsen in Erde zu verwandeln und Erde in Felsen.

»Das ist auch keine großartige Zauberei«, murrte der Prinz, der schnell lernte. »Ich möchte einen richtig großen Zauber lernen.«

Die Magier lachten so laut, dass es in den Bergen widerhallte. »Einen großen Zauber will er lernen!«, sagte einer. »Dann bekommt er erst mal eine große Arbeit. Also, Junge, mach den Stall ordentlich sauber.« Und sie ritten davon und kamen wieder den ganzen Tag lang nicht zurück. Unwillig säuberte der Prinz den Stall.

Am nächsten Morgen lehrten die Magier ihn, ein schwarzes Pferd in ein weißes zu verwandeln und ein weißes Pferd in ein schwarzes.

»Das ist ja schön und gut, aber von solch einem Zauber wird man nicht berühmt«, sagte der Prinz.

Die Magier lachten nicht mehr. »Undankbarer Lümmel!«, riefen sie und jagten ihn davon.

Der Prinz packte sein Bündel und tat so, als gehorche er, doch er versteckte sich im Wald und wartete, bis die Magier am Abend heimkamen. In den vergangenen Nächten hatte er Licht im oberen Stock des Hauses gesehen, und so nahm er sich vor herauszufinden, was da oben vor sich ging.

In der Nacht gelang es ihm, zu dem beleuchteten Fenster hinaufzuklettern. Da sah er die Magier im Kreis sitzen, sie besprachen Zaubereien, schlugen in ihren Büchern nach und lasen einander laut vor. Er hörte zu, bis die Magier schlafen gingen, und versteckte sich wieder im Wald.

Jeden Tag, nachdem er die Magier hatte fortreiten sehen, kletterte der Prinz hinauf zum Fenster, zwängte sich durch die enge Öffnung in das Zimmer und vertiefte sich in das Studium der Bücher. Da er gut lernen konnte, fiel es ihm leicht, sich die Zaubersprüche und Rituale zu merken.

Doch eines Tages kamen die sieben Magier früher heim als sonst. Der Prinz, vertieft in ein Buch, hörte sie plötzlich ins Haus kommen. In Panik kletterte er aus dem Fenster, rutschte ab und fiel mit Gepolter zu Boden. Die Zauberer sahen ihn fliehen und holten schnell ihre Pferde wieder aus dem Stall. Eilig sprach der Prinz den Zauberspruch aus einem der Bücher, mit dem man sich in ein Pferd verwandelte. So schnell und geschickt er als Reiter war, so schnell und geschickt war er auch als Pferd, doch sein Vorsprung war nicht allzu groß.

Schließlich geriet er an einen Fluss, galoppierte hinein und sprach geschwind den Zauberspruch, der ihn in einen Fisch verwandelte. Hui, wie schnell er durch das Wasser glitt! Doch schon waren sieben wendige Fischotter hinter ihm her. Im Nu verwandelte er sich in einen Sperling und schoss wie ein Pfeil aus dem Fluss. Vor den sieben Falken, die ihm folgten, konnte er im Wald Deckung suchen, doch ihre scharfen Augen spürten ihn immer wieder auf. Zudem bemerkte er, wie er müde wurde. Er begann seinen Übermut zu bereuen, der ihn zu den Magiern geführt hatte. Wie verzweifelt würden seine Eltern sein, wenn er nie mehr zum Schloss zurückkehrte.

Als er schon zu taumeln begann, entdeckte er den Eingang zu einer Höhle, in der ein Einsiedler meditierend saß. Schnell flog er hinein und ließ sich auf der Schulter des Einsiedlers nieder.

»Bitte, Großvater, versteckt mich«, keuchte er. »Ich werde verfolgt. Die Magier wollen mich töten.«

»Wo soll ich dich denn hier verstecken?«, fragte der Einsiedler, der sofort erkannte, dass der Sperling nicht wirklich ein Sperling war. »Hier gibt es keine Verstecke.«

»Eure Mantrakette«, sagte der Prinz atemlos. Und schon hatte er sich in eine Perle der Mantrakette, die der Einsiedler in der Hand hielt, hineingezaubert. Nur einen Augenblick später betraten die sieben Magier die Höhle.

»Ein Vogel ist hier hereingeflogen«, sagten sie. »Wo ist er?«

Der Einsiedler antwortete: »Ein Vogel? Was soll das? Bitte geht wieder, ihr stört meine Meditation.«

Die Magier waren wütend. Sie verwandelten sich in sieben Insekten, die sich auf den Magier stürzten, um ihn zu stechen und so zum Reden zu bringen. Das Entsetzen darüber, dass der Einsiedler seinetwegen Schmerzen erleiden sollte, verlieh dem Prinzen neue Kraft. Er verwandelte sich in einen Hahn, pickte blitzschnell die sieben Insekten auf und zerquetschte sie mit seinem Schnabel. Da blieben von den Magiern nur sieben Insektenleichen übrig.

Der Einsiedler, ein großer Meister, war sehr bekümmert. »Da hast du etwas Schlimmes getan«, sagte er. »Sieben Tote. Und das in meiner Höhle.«

Der Prinz erkannte, was er in seiner Gier nach Berühmtheit angestellt hatte, und war sehr zerknirscht.

»Bitte, Meister, verzeiht mir«, flehte er. »Ich verspreche, dass ich alles tun werde, um meinen Fehler wiedergutzumachen.«

Der Meister wiegte den Kopf. »Nun, du glückloser Zauberlehrling«, erwiderte er, »ich wüsste schon, wie. Aber ich frage mich, ob du auch den Mut dazu haben wirst.«

Stolz richtete der Prinz sich auf. »An Mut hat es mir noch nie gefehlt.«

Über des Meisters Gesicht flackerte ein kleines Lächeln.

»Mag sein, aber du wirst auch klug sein müssen«, erklärte er.

»Ich bin klug«, sagte der Prinz. »Ihr glaubt nicht, wie viele Bücher ich gelesen habe und wie viele Texte ich auswendig hersagen kann. Sagt mir nur, was ich tun soll, und ich mache es.«

So hatte der Prinz nun zwar Zaubern gelernt, doch seine Abenteuer hatten damit noch kein Ende. Zuerst musste er seine Verpflichtung dem alten Meister gegenüber einlösen. Und das ist unsere nächste Geschichte.

Der Prinz und der Untote

Nachdem der Prinz in der Hütte des alten Meisters die Magier getötet hatte, dies jedoch wiedergutmachen musste, sagte der alte Meister:

»Hör gut zu, junger Mann. Was ich dir auftrage, hat kaum einer je bestehen können. Auf der anderen Seite des Gebirges in der weiten Ebene befindet sich eine Schädelstätte. Sie ist berüchtigt dafür, dass dort ein paar Untote hausen. Du musst einen ganz bestimmten Untoten hierherbringen. Das ist ein sehr gefährliches Unternehmen. Wirst du es wagen?«

Was blieb dem Prinzen anderes übrig? Er beteuerte, dass er alles so machen wolle, wie der Meister befahl.

Der Meister erklärte genau, welchen Weg der Prinz nehmen müsse und dass die Untoten auf dieser Schädelstätte alles tun würden, um ihn zu Tode zu erschrecken. Dann gab er ihm einen Zauberdolch, ein Beil, einen Sack und ein Seil mit, die, wie er sagte, den Segen mächtiger Beschützer trugen.

»Die Untoten auf der Schädelstätte«, sagte der Meister, »werden sich an dich hängen wollen und sie werden kreischen: ›Nimm mich mit! Nimm mich mit!‹ Aber in Wirklichkeit wollen sie natürlich dich mitnehmen. Sobald du sie mit dem Zauberdolch berührst, laufen sie weg. Nur einer wird nicht in deine Nähe kommen. Vielmehr wird er, so schnell er kann, auf einen Baum klettern und schreien: ›Mich nicht! Mich nicht!‹ Das ist der Richtige, der Untote mit dem Namen Quelle des Erlangens. Bringe ihn zu mir. Auf diese Weise kannst du dein Verbrechen sühnen.

Und so musst du vorgehen: Du nimmst das Beil, schlägst auf den Stamm des Baums, auf dem er sitzt, und rufst:

›Jetzt hau ich diesen Baum um, und was da oben ist, wird runterfallen.‹ Der Untote wird versuchen zu fliehen, aber dazu muss er vom Baum herunterklettern. Dann fängst du ihn ein und steckst ihn in den magischen Sack. Den musst du mit dem magischen Strick fest zubinden, dann kann er dir nicht entkommen.

Und nun etwas sehr Wichtiges: Unterwegs darfst du auf keinen Fall mit ihm sprechen, nicht ein einziges Wort. Hörst du, nicht ein einziges Wort, was auch immer er zu dir sagen oder dich fragen mag, sonst verlieren Sack und Strick ihre Kraft, und dann läuft er zur Schädelstätte zurück und alles war umsonst.«

Der Prinz atmete auf. »Ich weiß gar nicht, wie ich Euch danken soll, Meister«, sagte er. »Ich werde alles genauso machen, wie Ihr gesagt habt, und dann ist alles wieder gut.«

»Mal sehen«, erwiderte der Meister. »Jedenfalls wünsche ich dir viel Glück.«

Das wünschte der Prinz sich auch und zog los.

Dank einer magischen Schale, die der Einsiedler ihm zugesteckt hatte, gab es immer genug zu essen und zu trinken, denn die Schale füllte sich jedes Mal, wenn er hungrig oder durstig war. So konnte er den Weg eilig zurücklegen, ohne irgendwo um Nahrung bitten zu müssen, und er musste seine Zeit nicht mit Gesprächen vergeuden.

Schließlich fand der Prinz den Leichenacker und es kam, wie der Meister gesagt hatte. Mit dem Zauberdolch konnte er die Untoten vertreiben, die ihn bedrängten, und tatsächlich floh einer davon auf einen Baum, stieß schreckliche Schreie aus und krächzte: »Nein, mich nicht! Mich nicht!«

Der Prinz schlug mit dem Beil auf den Baumstamm ein und rief: »Ha, ich schlag den Baum um, dann fällt alles runter, was oben ist, und bricht sich sämtliche vertrocknete Knochen.«

So in die Enge getrieben, kletterte der Untote herunter und fletschte wütend seine großen Zähne. Nun weiß ja jeder, dass man sich vor lebenden Leichen hüten muss, aber der Prinz war mutig, packte den Untoten mit einem schnellen Griff am Genick und steckte ihn schnurstracks in den magischen Sack, den er gründlich mit dem magischen Seil zuschnürte. Und schon war er mit dem Sack auf dem Rücken auf dem Heimweg zur Höhle des Meisters.

Der Untote versuchte, den Prinzen in ein Gespräch zu verwickeln, aber ohne Erfolg. Der Prinz schwieg beharrlich, schaute nicht nach rechts oder links und marschierte unbeirrt voran.

»Redselig bist du ja nicht gerade«, sagte der Untote mit liebenswürdiger Stimme. »Aber du hast sicher nichts dagegen, dass ich dir eine Geschichte erzähle. Das macht den Weg wenigstens kurzweiliger.«

Der Prinz sagte weder Ja noch Nein, hatte aber nichts dagegen, unterhalten zu werden, denn es war mühselig, einsam und allein den Sack mit dem Untoten über Berge und durch Täler zu schleppen.

Also erzählte der Untote die Geschichte von den drei Schwestern. Das sei eine gute Geschichte, sagte er, denn darin gehe es um eine Liebesangelegenheit, das höre doch jeder gern.

Und dies ist die Geschichte:

Die drei Schwestern

Es war einmal ein Paar, das wünschte sich viele Kinder. Aber es dauerte sehr, sehr lange, bis sie Eltern wurden. Sie waren überglücklich, als sie endlich eine Tochter bekamen, und dann noch eine und schließlich noch eine dritte.

Die drei Mädchen wuchsen heran, und die Eltern begannen sich Gedanken zu machen, wie sie passende Männer für ihre Töchter finden könnten. Für die Älteste würden sie einen reichen Mann suchen müssen, vielleicht einen erfolgreichen Händler, denn sie war anspruchsvoll und wollte wie eine Königin behandelt werden. Die mittlere Tochter wäre wohl mit weniger zufrieden, sie konnte zupacken, doch auf einen soliden Wohlstand legte sie Wert. Was die Jüngste betraf, dachten die Eltern, musste man sich keine Sorgen machen. Sie war ebenso hübsch wie ihre Schwestern, aber bescheiden und von freundlichem Wesen.

Überraschend wurde die Mutter der Mädchen doch noch einmal schwanger, und sie war sich ganz sicher, dass dies ein Sohn sein würde. Tatsächlich war es ein Junge, doch die Geburt war so schwer, dass das Kind tot geboren wurde, und die Mutter starb bald darauf. Das war ein großes Unglück für die Familie, und es kam noch schlimmer. Der Vater wurde sehr krank und starb ebenfalls. Nun hatten die drei Schwestern niemanden mehr, der einen guten Mann für sie finden würde. Da kam es gerade recht, dass die Kunde verbreitet wurde, der junge Prinz des Landes suche eine Frau.

»Ich kann mir gut vorstellen, einmal Königin zu sein, wenn der alte König stirbt«, sagte die Älteste und warf den Kopf hoch. »Ich geh zur Burg und stelle mich vor. Sie werden schon verstehen, dass ich das selbst machen muss, da ja mein Vater nicht mehr lebt.«

Also packte die Älteste ihre schönsten Seidenblusen ein, sodass sie drei übereinander anziehen konnte, wie es bei feinen Leuten üblich war, sowie ihre beste Chuba mit Fellbesatz und natürlich allen Schmuck, den sie besaß. Sie würde schön aussehen, denn der Vater hatte nie gegeizt mit Seide, Brokat und Schmuck. Auf dem besten Pferd, das sie besaßen, ritt sie zum königlichen Dzong. Diese mächtige Trutzburg stand auf einem Berg und nur ein schmaler, steiler Weg führte hinauf. Missmutig stieg sie vom Pferd, schulterte ihr Bündel und zog los. Im strahlenden Sonnenschein wurde ihr heiß in ihren drei Blusen und der Weg wurde immer schmaler und mühsamer. Als er sich schließlich zu einem schmalen Sims verengte, auf der einen Seite von einer Steilwand, auf der anderen vom Abgrund begrenzt, lag da doch wahrhaftig ein Mensch, in eine schmuddelige alte Chuba gehüllt, und versperrte den schmalen Pfad. Das Mädchen ergriff großer Zorn, wagte es dieser lumpige Kerl doch, ihr den Weg zu versperren. Grob trat sie gegen seinen Fuß.

»He, du Saufbold, steh auf, ich will zum Prinzen. Schlaf deinen Rausch woanders aus.«

Der Mann grunzte nur. Er machte sich nicht einmal die Mühe, seinen ausgefransten Hut vom Gesicht zu schieben.

Sie trat noch ein bisschen fester zu.

»Wirst du wohl aufstehen!«, keifte sie. »Was für eine Unverschämtheit, den Weg so zu blockieren.«

»Steig halt drüber«, brummelte der Mann.

»Und wie soll ich das machen?« Die Stimme des Mädchens war schrill vor Ungeduld. »Ich könnte in den Abgrund fallen.«

Der Mann antwortete nicht, gab nur Geräusche von sich, die verdächtig nach Schnarchen klangen.

Der Ältesten blieb nichts anderes übrig, als über das

lebende Hindernis zu klettern. Sie ekelte sich vor der schmutzigen Chuba, deren Fell ranzig nach Schaf stank, und ohne viel Rücksicht zu nehmen, kroch sie auf Händen und Füßen über den Mann. Dabei fielen ihr so manche saftige Schimpfwörter ein.

Kaum war sie um die nächste Wegbiegung verschwunden, erhob sich der Mann. Er war in Wirklichkeit der Prinz, der sich als einfacher Bauer verkleidet hatte. Hübsch ist sie ja, dachte er, aber was für ein unfreundliches, hochnäsiges Ding. Der Mann, der die einmal bekommt, kann einem leidtun.

Die Älteste erreichte schließlich das Burgtor und wurde von einem Wächter aufgehalten.

»Ich will zum Prinzen«, sagte sie hoheitsvoll. »Er erwartet mich.«

»Nein, meine Dame, er erwartet Euch nicht«, sagte der Wächter höflich, aber bestimmt, wie ihm aufgetragen war.

»Aber ich muss den Prinzen treffen, unbedingt«, erklärte das Mädchen. »Ich habe einen langen und schwierigen Weg auf mich genommen, um ihn zu sehen.«

Doch der Wächter war unerbittlich, und der Ältesten blieb nichts anderes übrig, als nach Hause zurückzukehren. Man bekomme den Prinzen ja nicht einmal zu sehen, klagte sie vor ihren Schwestern und beschrieb voller Ärger, wie der Wächter sie abgewiesen hatte. Von der Begegnung mit dem vermeintlichen Betrunkenen sagte sie jedoch nichts, denn dass sie auf Händen und Füßen über einen fremden Mann gekrochen war, sollte niemand erfahren, nicht einmal ihre Schwestern.

»Ich will es auch versuchen«, sagte die Mittlere. »Es könnte ja sein, dass der Prinz gerade krank war, oder er war auf der Jagd. Und vielleicht muss man dem Wächter schmeicheln. Das kann unsere Schwester ja nicht besonders gut.«

Die Älteste zuckte mit den Schultern. Sie war überzeugt, dass die Mittlere nicht mehr Erfolg haben würde als sie.

Also ritt die mittlere Schwester zur königlichen Burg und musste ebenfalls den Berg hinaufsteigen. Dass der Prinz verkleidet auf dem Felsensims liegen würde, ahnte sie natürlich ebenso wenig wie ihre ältere Schwester. Und da lag nun vor ihr auf dem engen, gefährlichen Weg ein schlecht gekleideter Mensch, das Gesicht mit einem Hut bedeckt, und schlief. Es war völlig unmöglich, an ihm vorbeizukommen.

»He, aufwachen!«, rief sie. »Hier möchte jemand weitergehen.«

Der Mann grunzte ein wenig, rührte sich jedoch nicht. Die Mittlere vermutete, dass er betrunken war, obwohl sie sich wunderte, wie ein Betrunkener auf diesen Zugang zum Dzong geraten konnte.

»Steh schon auf!«, sagte sie mit Nachdruck. »Ich muss unbedingt zum Prinzen. Los, los, mach schon!«

»Steig halt drüber«, brummelte der Mann.

Die Mittlere überlegte verzweifelt, wie sie das anstellen sollte.

»Das geht doch nicht«, jammerte sie. »Ich könnte das Gleichgewicht verlieren und in den Abgrund fallen.«

Der Mann antwortete nicht. Vielmehr begann er unbekümmert zu schnarchen.

Nun wurde die mittlere Schwester wirklich ärgerlich. »Das geht zu weit!«, schimpfte sie. »Du kannst hier nicht ewig den Weg versperren.« Und sie zerrte an einem Fuß des Mannes, um ihn zum Aufstehen zu bewegen, aber er war schwer wie ein voller Gerstensack.

Entschlossen ging sie in die Knie.

»Du lässt mir keine andere Wahl, du Tölpel«, sagte sie. »Ich muss über dich rüberklettern.«

Es war ihr sehr peinlich, über den Kerl zu kriechen, aber was hätte sie sonst tun sollen. Man musste sich eben einiges abverlangen, wenn man ein wichtiges Ziel verfolgte.

Zuversichtlich ging sie weiter. Der Prinz dachte, dass dieses Mädchen, so hübsch es auch war, sich nicht als Frau für ihn eignete.

Am Tor des Dzongs stand der Wächter. Die Mittlere dachte, sie würde sich nicht einfach wegschicken lassen. Oh nein, sie würde es geschickter anpacken als ihre Schwester.

»Ich möchte gern den Prinzen besuchen«, sagte sie freundlich.

Der Wächter schüttelte den Kopf. »Das geht leider nicht, gute Dame. Er ist nicht zu sprechen.«

Die Mittlere setzte ihr verführerischstes Lächeln auf. »Ach, lass mich wenigstens einen Blick auf ihn werfen. Du bist ein guter Mensch, das sehe ich dir an. Ich darf doch mal rein, ja? Nur ganz kurz. Ich geb dir auch einen schönen Türkis aus meinem Kopfschmuck.«

Aber der Wächter ließ sich nicht beschwatzen und zutiefst enttäuscht machte das Mädchen sich auf den Heimweg.

Die Älteste verzog keine Miene, als die Mittlere geknickt von ihrem Misserfolg berichtete, jedoch auch sie, ohne den Betrunkenen zu erwähnen, über den sie so bar aller Würde geklettert war. Das sollte niemals jemand erfahren. Die Älteste zuckte mit den Schultern und sagte: »Ich glaube, an dem Wächter kommt einfach niemand vorbei. Was soll's, wir sind hübsch und werden schon gute Partien finden.«

Die Jüngste wollte nicht hinter den Schwestern zurückstehen, auch wenn sie die zuletzt Geborene war, der man stets am wenigsten zutraute. Sie packte ihr bestes Gewand und ihren Schmuck ein, ritt zum königlichen Dzong und traf auf den Mann, der auf dem Felsensims lag und den

Engpass versperrte. Ihr erster Gedanke war, dass dem Mann etwas zugestoßen sein musste.

»Was ist los, Fremder?«, sagte sie. »Geht es dir nicht gut? Bist du vielleicht verletzt?«

Der Mann brummte abwehrend.

Die Jüngste war dennoch besorgt. »Oder hast du vielleicht zu viel Chang getrunken?«, fragte sie. »Versuche aufzustehen, dann kann ich dir weiterhelfen.«

»Steig halt drüber«, nuschelte der Mann.

»Unmöglich«, sagte die Jüngste.

Sie setzte sich zu Füßen des Mannes und dachte nach. Wenn sie aufrecht über ihn stieg, könnte sie ihm wehtun und außerdem war es gefährlich. Über ihn zu kriechen kam nicht infrage. Der Gedanke, auf allen vieren über diesen Betrunkenen zu klettern, erschien ihr über alle Maßen ungehörig, denn ein anständiges Mädchen hatte auf einem fremden Mann nichts zu suchen. Doch zugleich fand sie diese Vorstellung auch sehr komisch und musste lachen, und je mehr sie lachte, desto lustiger fand sie es. Offenbar hatte ihr Lachen den Mann geweckt, denn er richtete sich auf und fragte, was sie vorhabe. Sein Gesicht war schmutzig und er nuschelte, aber die Jüngste war nun in so heiterer Laune, dass sie nicht an sich halten konnte und antwortete: »Den Prinzen will ich sehen. Er soll ein ganz wunderbarer Mann sein, habe ich gehört, und er sucht doch eine Frau, wie es heißt. Ich bilde mir nicht ein, dass er mich haben möchte, ich bin ja nichts Besonderes, aber ich würde ihn wenigstens gern mal sehen. Ich habe gehört, dass die Wache am Tor niemanden hineinlässt, aber versuchen will ich es doch. Könntest du mich jetzt bitte vorbeilassen?«

Der Mann nickte und ging eilig davon, und kaum hatte er die Felswand hinter sich gelassen, war er zwischen Felsen und Gebüsch verschwunden.

Die Jüngste schritt munter weiter und malte sich aus, wie der Prinz wohl aussehen möge. Je näher sie dem Dzong kam, desto mehr zögerte sie. Wahrscheinlich würde der Wächter sie abweisen. Aber vielleicht doch nicht? Wie trat man einem Prinzen entgegen? Ob sie sich wohl richtig benehmen würde? Hatte sie sich nicht zu viel vorgenommen?

Ihre Gedanken wurden durch das bösartige Bellen eines Hundes unterbrochen und kurz darauf sah sie zerlumpte Kleider auf dem Boden liegen. War das nicht die Chuba des Mannes, der den Weg versperrt hatte? Sie wusste nicht, ob sie sich mehr vor dem Hund fürchten oder sich eher Sorgen wegen des Mannes machen sollte. Wahrscheinlich hatte der Hund den Mann angegriffen und ihm die Chuba heruntergerissen. Vielleicht lag er irgendwo verletzt. Und wo war der Hund? Da sie keinen Hund sah, nahm sie allen Mut zusammen und rannte los, dem Dzong entgegen, der sich auf der felsigen Bergspitze vor ihr erhob.

Vor dem Tor stand ein Wächter, wie sie es erwartet hatte. Atemlos und den Tränen nahe stieß sie hervor: »Da war ein Mann unterwegs, ich glaube, der wurde von einem Hund angefallen. Seine Chuba liegt noch auf dem Weg. Man muss nach ihm suchen und ihm helfen.«

Der Prinz, der die alte Chuba unterwegs abgeworfen hatte, um geschwind als Wächter verkleidet dessen Platz einzunehmen, war gerührt von der Gutherzigkeit des hübschen Mädchens. Er öffnete das Tor für sie und sagte, sie solle sich keine Sorgen machen, er werde Leute ausschicken, um den Mann zu suchen. Ein Diener nahm sie in Empfang und erklärte, am nächsten Tag würde auf dem Platz vor dem Dzong ein großes Fest gefeiert, und viele Besucher würden kommen, um dem Prinzen ihre Ehrerbietung zu erweisen. Natürlich war die Jüngste ganz außer sich vor Freude über diesen glücklichen Zufall. Sie würde den Prinzen sehen! Oh, was würde sie ihren Schwestern alles erzählen können.

Es war ein herrliches Fest. Viele Besucher kamen, Mädchen in ihrem schönsten Schmuck und stattliche junge Männer, es wurde gesungen und getanzt, doch die Jüngste stand still beiseite und konnte nichts anderes tun, als verzückt den Prinzen anzuschauen, der auf seinem prächtigen Thron saß und huldvoll die Ehrenbezeugungen seiner Gäste entgegennahm. Wie unglaublich schön er aussah in seinem Brokatgewand und dem reichen, von Gold und Edelsteinen funkelnden Schmuck! Natürlich erinnerte nichts an ihm an den schmutzigen Mann auf dem Weg und nichts an den Wächter am Tor.

Der Prinz sah sie am Rand der Festlichkeiten stehen, ohne auch nur ein einziges Mal zu tanzen. Keinen Blick hatte sie für all die jungen Männer, vielmehr war sie mit strahlenden Augen in seinen Anblick versunken. Er wusste, dass dieses Mädchen die richtige Frau für ihn war. Als alle genug gefeiert hatten, verließ er seinen Thron und wies einen Diener an, ihm das hübsche, stille Mädchen zu bringen, das ein gutes Herz hatte und so schön lachen konnte.

So wurde die Jüngste die Frau des Prinzen.

* * *

Nachdem der Untote dem Prinzen diese Geschichte erzählt hatte, bemerkte er in gefälligem Plauderton: »Gute Wahl, nicht wahr?«

»O ja, so eine hätte ich auch gern«, antwortete der Prinz, ganz in Gedanken an das hübsche, liebenswürdige Mädchen versunken. Zu spät schlug er die Hand vor den Mund.

»Ha!«, schrie der Untote, hüpfte aus dem Sack, der sich

magisch öffnete, und war im nächsten Augenblick verschwunden.

»Ich Dummkopf!«, jammerte der Prinz. »Jetzt muss ich den ganzen Weg zurückgehen. Wie konnte ich nur vergessen, dass ich kein Wort sagen darf. Aber warte nur, Untoter, ich krieg dich schon. Nächstes Mal werde ich schweigen wie ein Stein.«

Und er wanderte über Berg und Tal, bis er endlich wieder am Leichenacker ankam. Wie zuvor verjagte er die Untoten mit dem Zauberdolch und entdeckte sofort sein Opfer auf dem Baum.

»He, Untoter, komm runter, du weißt doch, dass du keine andere Wahl hast.« Und er hob das Beil und schlug kräftig gegen den Baum.

Was blieb dem Untoten übrig, als vom Baum herunterzuklettern und sich in den magischen Sack stecken zu lassen. Und wieder ging es auf den Weg zurück zum Einsiedler. Diesmal nahm der Prinz sich ganz fest vor, nichts, aber auch gar nichts zu sagen.

Es dauerte nicht lange, bis der Untote wieder eine Geschichte anbot. Der Prinz konnte das nicht ablehnen, denn dazu hätte er etwas sagen müssen. Aber andererseits, dachte er, vertrieb eine Geschichte die Zeit auf dem langen Weg.

»Die Geschichte von den drei Schwestern und dem Prinzen hat dir gefallen, stimmt's?«, sagte der Untote. »Aber ich glaube, die nächste wird dir nicht weniger gut gefallen.«

Und er erzählte diese Geschichte:

Wie Prinz und Prinzessin zusammenkamen

Es waren einmal zwei Königreiche, die waren durch einen sehr breiten Fluss getrennt. Beide waren fruchtbar, es herrschte Friede und den Menschen ging es gut. Alle lebten so, als würde es immer so weitergehen.

Da starb der alte König des einen Königreiches. Das wäre nun eigentlich kein gar so großes Unglück gewesen, denn dieser König hatte einen erwachsenen Sohn und damit einen Thronfolger. Doch der Prinz hatte nie die geringste Neigung gezeigt, sich ausbilden zu lassen, wie es für junge Prinzen vorgesehen war. Vergeblich hatte der König ihm vorgehalten, dass ein Prinz reiten und kämpfen lernen und sich von den drei Ministern in die Angelegenheiten des Reiches einweisen lassen müsse. Aber der Prinz war ein stiller junger Mann, der sich lieber zurückzog und sich seiner liebsten Beschäftigung hingab, dem Schlafen. Er erklärte, ein religiöses Leben der Zurückgezogenheit sei viel besser für ihn als ein Leben der Macht.

»Aber stell dir vor, unser Land würde angegriffen«, hatte der König gesagt, »dann müsstest du mir helfen, unser Volk zu verteidigen.«

»Wer sollte uns schon angreifen?«, hatte der Prinz geantwortet. »Wir leben mit allen Nachbarn in Frieden und das wird auch so bleiben.«

Als nun der König gestorben war und die Königin kurz darauf ebenfalls, bedrängten die Minister den Prinzen Tag für Tag, den Platz des Königs einzunehmen.

»Das Volk wartet darauf, dass es einen neuen König bekommt«, sagten sie dringlich. »So kann es nicht weitergehen.«

Da alle Ausflüchte nichts nützten, willigte der Prinz

schließlich ein, stellte jedoch die Bedingung, dass man eine geeignete Frau für ihn finden müsse. Geeignet sei nur diejenige, der sein Lieblingsring passe. Er zog diesen Lieblingsring von seinem kleinen Finger und gab ihn den Ministern in der Hoffnung, dass es gewiss schwierig sein würde, ein Mädchen von edler Geburt mit einem Ringfinger in genau dieser Größe zu finden.

Tatsächlich wurde im ganzen Land kein passendes adliges Mädchen gefunden. Die drei Minister berieten sich und kamen zu dem Ergebnis, dass nur noch eine einzige Möglichkeit offenblieb: Sie mussten außerhalb ihres Königreiches suchen, wobei aber nur eine Königstochter infrage kommen konnte. Der König und die Königin jenseits des großen Flusses hatten eine junge Tochter, die, wie man sagte, schön und klug sein sollte. Sie habe schon viele Bewerber abgewiesen, erzählte man sich, und sie lebe sehr zurückgezogen in ihrer Burg, die sie nur äußerst selten verlasse.

»Wir müssen es mit ihr versuchen«, sagten die Minister seufzend, »auch wenn es wenig Erfolg versprechend ist.«

»Ja, versucht es nur«, sagte der Prinz zufrieden, denn er war sicher, dass sie kein Glück haben würden.

Die drei Minister verkleideten sich als Händler und überquerten den großen Fluss in einem Boot aus Yakhaut. Es war ein schwieriges Unterfangen, auf das sie sich nur einließen, weil sie keine andere Wahl hatten. Erschöpft gelangten sie ans andere Ufer und erreichten bald die Burg des benachbarten Königs. Vor dem Tor breiteten sie ihre kostbaren Waren aus, schöne Halsketten, goldverzierte Gürtel und zwischen alledem auch den prachtvollen Ring des Prinzen. Sie mussten lange auf Kunden aus der Burg warten und wollten schon aufgeben, als die schöne Prinzessin und ihre Mutter, denen Bedienstete von den kostbaren Waren der Händler berichtet hatten, neugierig vor das Tor traten.

»Was für ein wunderschöner Ring«, sagte die Prinzessin und griff augenblicklich nach dem Ring des Prinzen. »Den möchte ich haben.«

Dieser Ring sei leider nicht verkäuflich, sagten die falschen Händler, er diene nur dazu, Käufer für die übrigen Waren anzulocken.

Doch schon hatte die Prinzessin den Ring an ihren Ringfinger gesteckt. »Schaut nur«, sagte sie, »wie gut er mir passt. Bitte verkauft ihn, ich möchte ihn so gern haben.«

Sie drehte und wendete ihre Hand und bewunderte das herrliche Funkeln des Rings. Doch weil sie gut erzogen war, wollte sie ihn wieder abnehmen, aber der Ring saß fest und ließ sich trotz aller Mühe nicht lösen.

Eilig packten die drei Minister ihre Waren zusammen und erklärten, sie müssten schnell aufbrechen, um vor Einbruch der Dunkelheit den Fluss überqueren zu können, aber sie würden am nächsten Tag wiederkommen, dann könne sie den Ring ja bezahlen.

Wie erfreut waren sie, dem Prinzen die Nachricht bringen zu können, dass die Prinzessin die Richtige sei, und sie priesen so begeistert ihre Schönheit und Anmut, dass der Prinz sich ein wenig für den Gedanken erwärmte, sie zur Frau zu nehmen.

»Wir gehen morgen zurück«, sagte der älteste der Minister, »und bringen dem König die Nachricht, dass unser Prinz um sie anhält und sie bereits seinen Ring erhalten hat. Der König wird gewiss sehr erfreut sein, einen Prinzen zum Schwiegersohn zu bekommen, der selbst schon fast ein König ist.«

Also kehrten die Minister, nun nicht mehr verkleidet, zur Burg des Königreiches jenseits des Flusses zurück, gaben sich als Minister des Nachbarlandes zu erkennen und trugen dem König und der Königin ihr Anliegen vor. Der König nickte bedächtig, aber die Königin wollte nichts davon wissen, ihre Tochter herzugeben. Ja, wenn der Prinz sein Reich verließe, um im Königreich der Tochter zu leben, dann würde sie gern zusagen. Aber die Prinzessin sei eine gute Tochter und habe eben deshalb bisher nichts vom Heiraten wissen wollen, weil sie nicht bereit sei, ihre alten Eltern zu verlassen.

Die Minister hielten dagegen, dass ihr Prinz der Thronfolger ihres verstorbenen Königs sei und auf gar keinen Fall sein Land verlassen könne, denn was würde das Volk anfangen ohne einen König? Nein, die Prinzessin sei seine Wahl und solle die Königin an seiner Seite in seinem Königreich sein. Etwas Besseres könne man sich doch gar nicht wünschen.

Es wurde hin und her geredet, doch vergebens. Die Minister und das Königspaar sprachen einander ihr Bedauern aus und die Minister machten sich in tiefer Ratlosigkeit auf den Heimweg.

Der Prinz war zufrieden und sagte: »Dann eben keine Frau.«

Es war ihm zwar der Gedanke gekommen, dass eine Königin ihm eine Menge Pflichten abnehmen könnte, wenn er denn schon König werden müsste, aber so war es ihm noch lieber.

Die Minister seufzten, waren aber nicht bereit, die Sache ruhen zu lassen. Sie berieten, wie man die beiden zusammenbringen könne, denn die Prinzessin war im besten Alter, und wenn sie den Prinzen sah, der doch ein recht gut aussehender junger Mann war, würde sie ihn vielleicht haben wollen und ihre Eltern umstimmen. Einer der Minister erinnerte sich, gehört zu haben, dass die Prinzessin manchmal die Stupa vor der Burg umrundete. Aber wann? Sie schickten ein paar zuverlässige Bedienstete ins andere

Königreich, die sollten sich umhören und Genaueres in Erfahrung bringen.

Tatsächlich kam einer der Diener nach kurzer Zeit mit der Nachricht zurück, dass die Prinzessin in jeder Vollmondnacht einundzwanzig Mal die Stupa vor der Burg umrunde. Die Minister entschieden, dass sie sich diese Gelegenheit nicht entgehen lassen durften. Es gelang ihnen, den Prinzen zu einem Versuch zu überreden, und vor der nächsten Vollmondnacht überquerten sie mit ihm den Fluss, bauten ihr Zelt in einiger Entfernung von der Burg auf, und als die Nacht hereinbrach, ließ sich der Prinz vor der Stupa nieder. Er war das Reisen nicht gewohnt, das lange Reiten und die Überquerung des Flusses hatten ihn müde gemacht. Es dauerte nicht lange, bis er einschlief.

Die Prinzessin entdeckte beim Umrunden der Stupa den jungen Mann und vermutete sogleich, dass dies der Prinz sein müsse, denn in der ganzen Burg wurde über nichts anderes geredet als über den Antrag, den die Minister des Nachbarkönigreiches überbracht hatten. Im hellen Mondlicht konnte sie ihn in aller Ruhe betrachten. Sie musste sich eingestehen, dass er ihr recht gut gefiel. Nachdenklich ging sie nach ihren einundzwanzig Umrundungen in die Burg zurück.

Am Morgen fragten die Minister aufgeregt, wie die Begegnung mit der Prinzessin verlaufen sei. Beschämt musste der Prinz zugeben, dass er eingeschlafen war. Nun blieb nichts übrig, als heimzukehren und bis zum nächsten Vollmond zu warten.

Als die Zeit gekommen war, wurde der Fluss überquert und wieder ließ der Prinz sich vor der Stupa nieder. Diesmal nahm er sich fest vor, wach zu bleiben. Aber es half nichts, unversehens schlief er ein, denn so war er es nun mal gewohnt. Wieder entdeckte ihn die Prinzessin und lächelte über den Schläfer. Diesmal wurde sie noch ein wenig nachdenklicher.

Die dritte Vollmondnacht kam, und der Prinz versprach den Ministern, diesmal wirklich nicht einzuschlafen. Die Minister rieten ihm, auf Kieseln zu sitzen, das sei so unbequem, dass er gewiss wach bleiben würde.

Die Kiesel waren wirklich sehr unangenehm, so sehr, dass der Prinz es nicht mehr aushielt und schließlich begann, seinerseits die Stupa zu umkreisen. Es dauerte nicht lange, da kam auch schon die Prinzessin voller Erwartung, den Prinzen vorzufinden. Und kaum, dass sie einander sahen, verliebten sie sich ineinander. Alle Müdigkeit fiel von dem Prinzen ab, und sie waren sich sogleich einig, dass sie ein Paar sein wollten. Dass der Ring des Prinzen so fest am Finger der Prinzessin saß, nahmen sie als untrügliches Zeichen, dass sie zusammengehörten.

»Aber was soll ich nur tun?«, sagte die Prinzessin. »Meine Eltern werden sich nicht umstimmen lassen. Sie wollen einen Mann für mich, der bei uns bleibt. Darauf bestehen sie.«

»Und meine Minister«, sagte der Prinz, »werden sich auch nicht umstimmen lassen. Ich soll der König meines Landes werden und meine Königin soll mit mir auf meiner Burg leben.«

Sie schauten einander tief in die Augen und beschlossen, augenblicklich davonzulaufen, bevor irgendjemand sie daran hindern konnte. Die Prinzessin holte in aller Heimlichkeit einen dunklen Mantel und ein Säckchen mit schnell zusammengesuchten Vorräten aus der Burg, dann liefen sie los, so schnell sie konnten, immer weiter, Tag um Tag. Sie tranken aus Bächen und schliefen unter Büschen oder in Höhlen, so groß war ihre Sorge, dass man sie einfangen und trennen könnte. Aber die Gewissheit, dass sie zusammengehörten und ein gemeinsames Leben vor sich hatten und dass sie glücklich sein würden, weil sie zusammen waren, gab ihnen Mut und Kraft. Doch schließlich war die Prinzessin, die ja nie ihre Burg verlassen hatte, so erschöpft, dass sie keinen Schritt mehr weitergehen konnte.

»Bleib im Wald, wo man dich vom Weg aus nicht sehen kann, und ruhe dich aus, bis ich zurückkomme«, sagte der Prinz. Er hoffte, dass sie weit genug von der Burg der Prinzessin entfernt waren, um vor Verfolgern sicher zu sein, und wollte ein Nomadenlager oder ein Dorf suchen, wo er Vorräte erstehen könnte.

Als die Prinzessin aufwachte, ging der Tag schon zur Neige und der Prinz war noch immer nicht zurückgekommen. Sie lief ein Stück des Pfades in die Richtung, in welche der Prinz gegangen war, denn von dort musste er ja zurückkommen. Ach, wie schwer war ihr Herz. So schwierig hatte sie sich das Weglaufen nicht vorgestellt. Wo war nur ihr Prinz?

Sie war voller Sorge, doch es kam noch schlimmer. Ein paar Berittene kamen des Wegs und entdeckten die Prinzessin, bevor sie sich verstecken konnte. Sie sahen ihr Brokatgewand unter dem dunklen Mantel und ihre Ringe und sagten: »Seht nur, was für ein hübsches, feines Ding. Da wird sich unser König aber freuen.«

Und schon hatte einer der Männer sie gepackt und vor sich auf sein großes Pferd gesetzt. Da wurde ihr klar, dass sie sich in einem benachbarten Königreich befand, denn von ihrem königlichen Vater konnte ja nicht die Rede sein.

Die Reiter brachten sie zu einer Burg und übergaben sie dem König, dem dieser Fund ganz ausnehmend gut gefiel. Er hatte zwar schon zwei Königinnen, aber diese dritte Frau betrachtete er als ein wahres Juwel. Die Prinzessin weigerte sich, seine dritte Königin zu sein. Sie habe bereits einen Mann, sagte sie, und trage seinen Ring. Der König, der ein gemütliches Naturell besaß, war der Ansicht, dass sie nach einiger Zeit schon gefügig werden würde. Sie solle die besten Speisen bekommen und man solle für alle Annehmlichkeiten sorgen. Nur die Burg verlassen dürfe sie natürlich nicht.

Die Tage und Wochen vergingen, und die Prinzessin dachte an nichts anderes, als wie sie fliehen könnte. Sie bekundete, Pferde besonders zu lieben, und durfte deshalb häufig den Pferdestall besuchen. Eines Tages nahm sie die Kleider eines Pferdeburschen, beschmierte ihr Gesicht mit Schmutz und schlüpfte unbemerkt zum Tor hinaus. Ach, wieder war sie auf der Flucht und musste laufen, so schnell und so lange sie nur konnte. Und diesmal ganz allein und mit wenig Hoffnung, ihren Prinzen zu finden.

Als sie weit genug gewandert war, begann sie sich nach einem Ort umzusehen, wo sie bleiben könnte. Da sie ein kluges Mädchen war, hatte sie bald gelernt, sich wie ein Bursche zu bewegen und zu benehmen. Jeder sah in ihr einfach einen netten Jungen. In einem größeren Dorf erfuhr sie von einem reichen Händler, der viele Hilfskräfte hatte und vielleicht noch jemanden brauchen könnte. Das ist gut, dachte die verkleidete Prinzessin, denn bei so einem Händler gehen viele Leute aus und ein und es wird viel geredet. Vielleicht würde sie auf diese Weise etwas von ihrem Prinzen erfahren.

Es gelang ihr, sich in des Händlers Haus als Laufbursche zu verdingen. Sie stellte sich so geschickt an, dass der Händler auf sie aufmerksam wurde und sie zu seinem persönlichen Gehilfen machte. So kam sie mit vielen Durchreisenden ins Gespräch.

Der Händler hatte eine junge Tochter, die sich in den netten Gehilfen ihres Vaters heftig verliebte und ihren Vater beschwor, sie mit ihm zu verheiraten. Dagegen hatte der Händler nichts einzuwenden, denn er wollte den fähigen Gehilfen gern behalten. Die Prinzessin hingegen, die das Mädchen gut leiden konnte und sie gern zur Freundin gehabt hätte, geriet nun wirklich in Schwierigkeiten. Weder wollte sie das Mädchen verletzen noch ihren freundlichen und großzügigen Arbeitgeber verlieren.

»Ach, wie leid mir das tut«, sagte sie, »aber ich habe ein Gelübde abgelegt, das es mir verbietet, eine Frau zu nehmen. Und ein Gelübde darf man doch nicht brechen.«

Inzwischen hatte der Prinz, nachdem er die Prinzessin bei seiner Rückkehr nicht vorfand, das ganze fremde Land auf der Suche nach ihr durchstreift. Er wusste ja nicht, was geschehen war, ja er konnte nicht einmal sicher sein, dass sie noch lebte. Doch immer, wenn seine Verzweiflung ihn zu übermannen drohte, sagte ihm eine innere Stimme, dass sie noch irgendwo auf ihn wartete. Die Leute hielten ihn für einen wandernden Yogi, und weil es ein freundliches Volk war, gab man ihm oft ein Nachtlager und genügend zu essen.

So geschah es, dass er auf seiner Wanderung auch in das Dorf kam, in dem der reiche Händler lebte.

»Geh zum Haus des Händlers«, riet ihm ein Ziegenhirte, »dort wird man dich sicher nicht abweisen.«

Der Prinz, dessen lange Haare zu einem Knoten hochgebunden waren und an dessen zerschlissener Kleidung nichts mehr an einen Prinzen erinnerte, ging durch das Tor, das in den Hof des Anwesens führte. Der Gehilfe, ein junger Mann, fast noch ein Junge, war dabei, ein paar Männer zu verabschieden. Dann wandte er sich dem vermeintlichen wandernden Yogi zu und blieb wie angewurzelt stehen.

»Du bist kein Yogi«, sagte der Gehilfe zögernd.

Überwältigt von einem klaren Gefühl des Erkennens, aber zugleich auch voller Zweifel, brach der Prinz in Tränen aus.

»Nein«, sagte er, »das bin ich nicht. Ich bin nur einer, der sein verlorenes Glück sucht.«

»Ich bin auch nicht das, als was ich erscheine«, sagte die verkleidete Prinzessin und lächelte ihn an.

»Dann habe ich mein Glück also gefunden«, flüsterte der Prinz.

»Ja, und ich das meine«, erwiderte die Prinzessin.

Beide fielen sich in die Arme und konnten kaum glauben, dass sie einander endlich wiedergefunden hatten.

Die Prinzessin wusste nicht, wie sie dem Händler, dem sie sehr dankbar war für seine Güte, und seiner Tochter, die sie lieb gewonnen hatte, diese Neuigkeit beibringen sollte. Also brachte sie den Prinzen in die Küche, wo er reichlich bewirtet wurde, und sie verabredeten, dass der vermeintliche Yogi später, wenn alle zum Abendessen zusammenkamen, seine wahre Geschichte erzählen solle.

So geschah es. Beim Abendessen erzählte der Prinz seine Geschichte, wie er durch das ganze Land wanderte und seine Prinzessin suchte.

»Und dann fand ich sie«, sagte er. »Wir sind beide unbeschreiblich glücklich, aber unser Glück ist getrübt, weil sie inzwischen von einer sehr freundlichen Familie aufgenommen worden ist und nun niemandem wehtun möchte. Was sollen wir nun machen?«

Vater und Tochter sagten, natürlich müssten er und die Prinzessin heiraten, und vielleicht könnten sie bei der Familie bleiben, da ja beide kein Königreich mehr hatten.

Da gab sich die Prinzessin zu erkennen, und weil die Tochter des Händlers untröstlich war, schlug die Prinzessin vor, sie sollten doch beide den Prinzen heiraten. So bekäme der Händler einen Schwiegersohn und die Tochter einen Ehemann und sie könnten alle zusammenbleiben.

Mit dieser Lösung waren alle einverstanden und sie lebten in Glück und Frieden.

* * *

Der Untote hatte seine Geschichte mit großer Eindringlichkeit erzählt, dabei aber in seinem Sack ganz still gehalten, um den Prinzen nicht an seine Lage zu erinnern.

»Was sagst du zu dieser Lösung? Ist sie nicht vollkommen?«

Der Prinz schwieg.

Der Untote wand sich nun ungeduldig in seinem Gefängnis. »Nun sag schon, ist das nicht wahre Weisheit? Etwas Besseres hätte dem alten Weisen auch nicht einfallen können.«

Der Prinz öffnete schon den Mund, um den vorlauten Untoten zurechtzuweisen, doch gerade noch rechtzeitig fiel ihm ein, dass es hier um die Weisheit des Schweigens ging. Also stapfte er wortlos weiter, zwang sich, dem Untoten nicht mehr zuzuhören, und erreichte schließlich mit seiner Last die Höhle des alten Meisters.

Damit war das Unrecht wiedergutgemacht und er konnte zu seinen königlichen Eltern in sein Königreich zurückkehren. Von seinem Traum, unbedingt in aller Welt berühmt werden zu wollen, war er geheilt. Stattdessen wurde er nach dem Tod seines Vaters ein König, dessen Ruf, weise zu sein und im rechten Augenblick schweigen zu können, sich über die Grenzen seines Königreiches hinaus verbreitete.

Von Dämonen, Naturgeistern und Hexen

In der tibetischen Weltvorstellung, die tief in der alten, animistischen Tradition verwurzelt ist, spielen unsichtbare Wesen und solche, die nur für manche Menschen sichtbar sind, eine große Rolle. Da gibt es verschiedene Arten von Geistwesen, von einfachen Küchengöttern bis hin zu den machtvollen, sehr langlebigen Planetengöttern, dazu Naturgeister verschiedener Klassen und die ganz eigene Spezies der Dämonen.

Unsere abendländischen Begriffe treffen dabei nicht wirklich auf die Eigenart und Eigenschaften dieser unsichtbaren oder nur unter bestimmten Umständen sichtbaren Wesenheiten zu. Wir könnten sie auch belebte »Mächte« nennen, unterschiedlich in ihren Wirkungsmöglichkeiten und auch in ihrer Lebensdauer, die sehr lang sein kann. Vergänglich sind sie alle, denn das ist eines der Zeichen der Existenz. Die abendländischen Bezeichnungen sind daher nicht sonderlich genau. Klar ist nur, dass diese Wesen für den Beschauer bestimmte Formen annehmen, anthropomorph oder in teilweiser Tiergestalt, wie etwa die Nagas, die zur oberen Hälfte menschlich, im Übrigen jedoch mit einem Schlangenleib dargestellt werden.

Es ist die Frage, ob die heutige abendländische Gepflogenheit, diese Kräfte bestenfalls abstrakt als »Energien« zu bezeichnen, angemessener ist als die Personifizierung in alten Kulturen. Die Kräfte der Natur in ihrer positiv und negativ erlebten Form als ein Du wahrzunehmen, ermöglicht viel eher Kommunikation einerseits und Respekt andererseits, eine Haltung, die in Tibet bis zur Annektierung durch China das tägliche Leben zutiefst durchdrang.

Die Dämonen des alten Tibets galten nicht grundsätzlich als böse wie in der christlich-abendländischen Interpretation, doch sie waren launisch und unberechenbar und ihre Macht konnte recht groß sein. In der Legende von der Begründung des ursprünglich aus Nordindien stammenden Buddhismus in Tibet musste Padmasambhava, der große buddhistische Gelehrte und Meister magischer Fähigkeiten, zuerst einmal gegen die Dämonen kämpfen, die seinen Tempel im zentraltibetischen Samyé immer wieder niederrissen, denn die Dämonen gehörten zur alten Religion. Padmasambhava gelang es, sie zu bezwingen, und nicht nur das, er nahm ihnen sogar das Versprechen ab, in Zukunft die Lehren des Buddha gegen alle Angriffe aus der sichtbaren Welt und auch den unsichtbaren Welten zu schützen. Die Dämonen in tibetischen Geschichten kann man in gewisser Weise mit dem griechischen Daimon vergleichen, der eher ambivalent aufgefasst wurde und sowohl Freund als auch Feind sein konnte.

Auch Magier galten nicht als grundsätzlich böse. Angesichts ihrer Zauberkräfte wurden sie respektiert, aber andererseits auch gefürchtet. Die Vorstellung von Schaden verursachenden Zauberinnen hingegen entsprach weitgehend den bösen Hexen in den deutschen Märchen. Darum werden sie in den Übersetzungen auch »Hexen« genannt. Die Grenzen zwischen Heilerinnen und gefürchteten Kennerinnen schwarzer Magie war in der tibetischen Kultur so fließend wie in vielen anderen alten Kulturen. Eine bekannte tibetische Heilerin in Kathmandu würde zum Beispiel in das Hexenschema passen, denn sie ist nicht jung und nicht schön, und ihre heilerische Gabe hat die ungewöhnliche Form, dass sie ihren Patienten die Krankheit aus dem Leib herausbeißt. Im christlichen Abendland würde sie zwar heute nicht mehr als Hexe verbrannt, aber vermutlich der Scharlatanerie angeklagt.

Der Drache – wie er im Märchen »Der Drachentöter« auftaucht – stammt ursprünglich aus China, wo er je nach Gegend und Volksstamm verschiedene Bedeutungen hat. In dieser Geschichte verbindet sich das Drachenmotiv mit einem anderen bedeutenden tibetischen Motiv, dem goldenen Vogel. Das lässt ahnen, wie lustvoll dynamisch viele Geschichten in dieser nomadischen Kultur entstanden sein mochten, deren Grenzen ja vielfältig andere Kulturen berührten.

Die verführerische Dämonin

Vor langer Zeit lebte einmal ein junger Mann – er hieß Döndup – mit seinen Eltern und seiner Frau in einer schönen, fruchtbaren Gegend, und er hatte ein glückliches Leben. Eines Morgens führte er wie jeden Tag seine Pferde zu einer Bergweide voll sattem, grünem Gras, und seine junge Frau versorgte ihn reichlich mit Proviant und guten Ratschlägen.

»Pass auf und schlaf nicht ein«, sagte sie. »Wer weiß, welche Geister in den Bergen hausen.«

»Aber ja«, sagte Döndup, »das musst du doch nicht jedes Mal wiederholen. Ich hab es oft genug gehört.«

Es war eine schöne Weide in einem kleinen Hochtal, die er kurz zuvor entdeckt hatte, wenn auch ziemlich weit von seinem Heim entfernt. Er nahm Platz am Fuß eines Felsens, packte die guten Sachen aus, die seine Frau ihm mitgegeben hatte, und gönnte sich eine genussvolle Mahlzeit. Zufrieden schaute er seinen hübschen, gesunden Stuten zu, die mit ihren Fohlen im Sonnenschein grasten. Ah, wie gut es ihm doch ging! So ließ es sich wahrhaftig leben. In solch angenehme Gedanken versunken vergaß er den guten Rat seiner Frau, streckte sich wohlig aus, schaute in den tiefblauen Himmel und schlief ein.

Plötzlich kamen zwei Männer auf ihn zu, wilde Gestalten mit grimmigen Gesichtern, Torwächtern ähnlich, wie Döndup sie auf Abbildungen in Klöstern gesehen hatte. Da er nicht wusste, dass er träumte, erschrak er sehr und fürchtete, sie würden ihm seine Pferde rauben wollen. Aber sie hatten ganz andere Absichten.

»He, Hirte, schau dich um!«, sagte der eine. »Siehst du den Schrein mit den drei großen Toren hinter dir? Das ist der Schrein eines Totengottes.«

»Seine Schülerin ist eine mächtige Dämonin, die nach dir verlangt«, fügte der andere hinzu. »Sie will, dass wir dich zu ihr bringen.«

»Aber das geht doch nicht!«, stammelte Döndup und wachte vor lauter Entsetzen auf.

Ach, ging es dem armen Döndup schlecht! Der Traum beunruhigte ihn zutiefst. Hätte ich doch auf meine Frau gehört und wäre nicht eingeschlafen, dachte er. Wie schwach er sich plötzlich fühlte! Nein, es ging ihm gar nicht gut. Er schaffte es gerade noch, seine Pferde nach Hause zu bringen, aber kaum dort angekommen, brach er zusammen. Obwohl seine Frau und seine Eltern alles für ihn taten, wurde er von Tag zu Tag immer schwächer und starb.

Sein Geist verließ seinen Körper und wurde unwiderstehlich zum Schrein des Totengottes gezogen. Unterwegs begegnete ihm zu seiner großen Freude ein Freund aus seinem Tal.

»Was machst du denn hier?«, fragte er voller Hoffnung, der Freund könne ihm sagen, was mit ihm geschah.

»Ich komme vom Schrein des Totengottes und bin auf dem Weg zurück in die Welt«, antwortete der Freund. »Du gehst doch auch dorthin, nicht wahr? Ich konnte der mächtigen Dämonin entkommen, aber nur, musst du wissen, weil ich mich geweigert habe, Menschenfleisch zu essen, Menschenblut zu trinken und mich in Menschenhaut zu wärmen. Ich warne dich, sei vorsichtig, nehme nichts davon an, sonst bist du verloren.«

Sosehr sich Döndup auch fürchtete, er musste doch durch die drei Tore des Schreins treten. Dort sah er die zwei schreckenerregenden Wächter wieder, denen er im Traum begegnet war. Er zitterte bis ins Knochenmark. Würden sie ihn, so wie seinen Freund, wieder gehen lassen?

Die Dämonin empfing ihn mit großer Freundlichkeit und sagte mit sanfter Stimme: »Ah, was für ein ansehnlicher junger Mann! Komm, setz dich hier auf die weichen Kissen. Sicher bist du hungrig und durstig.«

Sie schob ein Tischchen voller wohlriechender Speisen – Gesottenes, Gebratenes, mit Fleisch gefüllte Momos – und einen Becher mit schwerem, dunklem Chang vor ihn hin. »Bitte, iss und trink!«, sagte sie und schaute ihm tief in die Augen. »Nur das Beste ist gut genug für dich.«

Alles sah überaus verlockend aus und Döndup hätte gar zu gern davon gegessen. Aber er dachte an die Worte des Freundes.

»Tut mir leid, aber ich bin nicht recht gesund und kann nichts essen«, sagte er immer noch zitternd. Fast war er versucht, sich von der schmeichlerischen Dämonin in eine pelzverbrämte Decke hüllen zu lassen – doch wenn diese aus Menschenhaut war? Er rutschte so weit weg von der Dämonin, wie es nur ging, und stotterte: »Nein danke! Nein, nein, nein!«

»Dummer Kerl«, rief die Dämonin wütend. »Mit dir kann man aber auch gar nichts anfangen.«

Sie warf ihm einen Sack und einen Strick zu. »Geh heim, du Dummkopf, und bring mir einen Ersatz, dann lasse ich dich frei.«

Aha, dachte Döndup erleichtert, deshalb durfte also der Freund zurück in die Welt gehen, und schritt hoffnungsvoll durch die drei Tore hinaus. Die Wächter mit den grimmigen Gesichtern hielten ihn nicht auf.

Im nächsten Augenblick war Döndups Geist zurück in seinem Tal. Dort sah er ein paar alte Männer müßig beieinandersitzen. Sie drehten ihre Gebetsmühlen und plauderten miteinander.

So einen alten Mann, dachte Döndup, könnte ich doch

mitnehmen. Da ist ja nicht mehr viel Leben übrig. Das bisschen, das sie noch haben, lohnt sich doch gar nicht mehr.

Da hörte er einen der Alten sagen: »Also, die Eltern des armen Döndup tun mir wirklich leid. Er hat so gut für sie gesorgt, und jetzt müssen sie sehen, wie sie ohne ihn zurechtkommen. Das ist wirklich sehr traurig.«

Die anderen alten Männer nickten und fanden es ebenfalls sehr traurig.

Nein, dachte Döndup, ich kann doch keinem dieser mitfühlenden Alten den Geist wegnehmen.

Er ging weiter und sah durch eine offene Haustür eine alte Frau, die in der Küche neben dem Herd saß und die Perlen ihrer Mala durch die Finger gleiten ließ. Vielleicht sollte ich lieber diese Alte mitnehmen, dachte Döndup, sie hat ja auch nicht mehr viel Leben übrig. Er blieb stehen und hörte, wie die Alte das Mantra des Mitgefühls murmelte, ein wenig seufzte und zu einem kleinen Mädchen vor dem Herd sagte: »Sprich du auch das Mantra, Kind, für die arme Familie des verstorbenen Döndup. Leider können wir es uns nicht leisten, ihnen etwas zu geben, aber wir können ja für sie um Hilfe bitten.«

Nein, dachte Döndup, dieser mitfühlenden alten Frau kann ich den Geist auch nicht wegnehmen, und er ging entschlossen weiter.

Auf dem Hof vor einem Anwesen spielten ein paar junge Männer das Würfelspiel Sho und ließen die Würfelbecher knallen. Ah, einen dieser Nichtsnutze könnte ich mitnehmen, dachte Döndup. Um so einen ist es nicht schade.

In diesem Augenblick hörte er einen der Jungen sagen: »Übrigens, habt ihr gehört, dass gestern der Döndup gestorben ist? Einfach so. Das ist doch wirklich schlimm.«

Die anderen fanden es auch sehr schlimm. Ein guter Kamerad sei er gewesen, der beste Reiter von ihnen allen und sie würden ihn vermissen. Keiner von ihnen hatte noch Lust weiterzuspielen und sie gingen auseinander.

Nein, dachte Döndup, ich kann keinem dieser mitfühlenden jungen Männer seinen Geist wegnehmen.

Am Fluss traf er auf eine Gruppe von jungen Mädchen beim Wäschewaschen. Sie bespritzten einander und lachten und redeten ununterbrochen. Diese Klatschtanten, dachte Döndup, am besten nehme ich eine von ihnen mit. Es gibt sowieso zu viele von ihnen.

»Wir sollten nach dem Waschen zu Döndups Frau gehen und sie trösten«, sagte ein Mädchen. »Sie muss sehr unglücklich sein ohne ihren Döndup.«

Die Mädchen verabredeten, gleich zu ihr zu gehen, sobald sie die Wäsche auf den Steinen zum Trocknen ausgebreitet hatten.

Döndup war ratlos. Wen sollte er zur Dämonin bringen? Bestimmt niemanden aus seinem Dorf.

Nach einigem Nachdenken beschloss er, in der Stadt Lhasa nach einer passenden Person zu suchen, der er den Geist wegnehmen könnte, denn dort war die Auswahl viel größer. Als er vor dem Potala-Palast stand, erinnerte er sich an die Steuereintreiber, die jedes Jahr sein Tal heimsuchten, und er beschloss, in diesem Palast voller Verwaltungsbeamter auf die Suche zu gehen.

Vor einer Tür im Inneren des Palasts drängte sich eine Menge von Bittstellern. Manche trugen gute Kleidung, aber die meisten waren einfache Bauern oder Nomaden. Sie murrten, wenn auch leise, denn sie fürchteten sich vor den Dob-dobs, den Männern der Mönchspolizei, die für ihr grobes Verhalten berüchtigt waren. Die Tür sei noch immer nicht aufgegangen, obwohl sie schon so lange warteten, murmelten die Bittsteller untereinander.

Döndup betrat den Raum, natürlich unbemerkt, denn er

war ja unsichtbar. Ein Höfling saß darin, ein noch junger Mann mit einem dicken Bauch, und sein Platz, der um eine zweite dicke Matte erhöht war, wies darauf hin, dass er von Adel war und bedeutend. Er war im Sitzen eingeschlafen, ermüdet von reichlichen, wohlriechenden Speisen, die in halb geleerten Schalen auf einem kleinen Tischchen vor ihm standen. Sein Mund stand offen und er schnarchte leise.

»Hoheit, Eminenz oder was auch immer«, sagte Döndup in seinen Schlaf, »geruht bitte aufzuwachen.«

»Wie? Was?«, knurrte der Höfling gähnend und schaute um sich.

»Draußen warten Menschen, die Eurer Hilfe bedürfen«, sagte Döndup.

»Ach was«, brummte der Höfling, »die können warten«, und schlief wieder ein.

Döndup folgte dem Höfling ins Traumland, verbeugte sich tief und sagte: »Ihr habt ganz offensichtlich große Freude an guten Speisen.«

»Gewiss«, erwiderte der Höfling, »so ist es.« Und mit einer verächtlichen Geste fügte er hinzu: »Ich habe gehört, in China gibt es noch viel besseres Essen als hier. Aber wann kommt schon mal eine Karawane. Und unsere Köche sind Trottel, zu dumm, um Neues zu lernen.«

»Pah, China!«, sagte Döndup von oben herab. »Ich weiß, wo es die vortrefflichsten, auserlesensten Speisen des Landes gibt. Was haltet Ihr davon? Ihr braucht mir nur zu folgen.«

Ohne zu zögern, erhob sich der Geist des Höflings, und Döndup musste sich nicht einmal die Mühe machen, ihn in den Sack zu stecken. Innerhalb eines Augenblicks, wie es die Art der Träume ist, standen sie vor den Toren zum prächtigen Schrein des Totengottes.

»Eure Herrlichkeit«, sagte Döndup, »hier in diesem

Palast werdet Ihr von einer wunderschönen Frau empfangen, und ich verspreche Euch, sie bietet Euch die köstlichsten Speisen an, die Ihr Euch nur vorstellen könnt.«

Mit hochmütiger Miene schritt der Höfling an den Wachen vorbei und verschwand hinter dem dritten Tor. Döndup wurde angewiesen zu warten, doch es dauerte nicht lange, da trat die Dämonin aus dem Schrein und sagte: »So, du kannst jetzt heimgehen. Du bist frei. Es hat ihm gut geschmeckt.«

In Döndups Haus waren seine Eltern und seine Frau außer sich vor Freude, als der vermeintlich Tote plötzlich wieder zu atmen begann und unbeschadet in die Welt zurückkehrte. Und mit ihnen freuten sich die alten und jungen Männer und die alten und jungen Frauen des Dorfes, und es wurde ein großes Fest gefeiert, das viele Tage lang dauerte.

Die Mutter, die eine Hexe war

Am Rande eines Dorfes lebte eine Mutter mit ihren fünf Söhnen. Der Vater war früh gestorben, und die Mutter musste im Dorf Arbeiten annehmen, um für ihre Kinder zu sorgen. So wuchsen die Söhne auf und wurden ansehnliche junge Männer, aber da sie nicht wohlhabend waren, galten sie nicht als gute Partie. Schließlich wurde ein Mädchen gefunden, das bereit war, alle fünf zu heiraten. So musste wenigstens das Hab und Gut der Brüder nicht aufgeteilt werden.

Was für ein schönes Mädchen sie war! Die fünf Brüder konnten sehr zufrieden sein mit dieser Lösung. Zudem war sie eine gute Schwiegertochter, die bereitwillig alle Hausarbeiten übernahm. Das war auch nötig, denn die alte Mutter war nun oft unterwegs, und niemand wusste, wohin sie ging.

Das schöne Leben währte nicht allzu lange. Erst verschwand der älteste Sohn, dann der nächste, bis vier der Brüder verschwunden waren. Sosehr auch nach ihnen gesucht wurde, sie wurden nicht gefunden. Der jüngste der Brüder war ganz verzweifelt.

»Deine Frau sieht zwar aus wie eine Göttin«, flüsterten die Dorfleute ihm zu, »aber in Wirklichkeit muss sie eine böse Hexe sein. Wie soll man denn sonst dieses rätselhafte Verschwinden deiner Brüder erklären? Wenn du überleben willst, wirst du sie töten müssen.«

Der junge Ehemann wusste nicht, was er denken sollte. Hatten die Leute vielleicht recht? Aber obwohl er seine Frau ständig beobachtete, konnte er nichts Beunruhigendes an ihr feststellen, nicht bei Tag und nicht bei Nacht.

Schließlich sagte er: »Die Leute meinen, du seiest eine böse Hexe. Ich weiß nicht, was ich glauben soll.«

Die junge Frau antwortete: »Ganz gewiss bin ich keine böse Hexe. Wenn du mir nicht glaubst, werde ich es dir beweisen.«

Am Abend schlich sie mit ihm in den Wald zu einer kleinen Lichtung und blieb vor einem Baum stehen.

»Du musst auf diesen Baum klettern«, sagte sie. »Ich werde dich festbinden, dann wirst du die Wahrheit mit eigenen Augen sehen. Aber halt ganz still und lass nicht den kleinsten Laut von dir hören.« Sie band ihn mit neun Knoten fest und fügte noch einen heiligen magischen Knoten hinzu. Dann ging sie schnell nach Hause.

Der jüngste Bruder wartete ungeduldig auf dem Baum, nicht ahnend, was geschehen würde.

Um Mitternacht kamen Frauen herbei, viele Frauen, darunter auch einige, die er aus seinem Dorf kannte. Sie bildeten einen Kreis, sangen etwas und verwandelten sich zu seinem Entsetzen in dämonische Wesen. Lange Fangzähne wuchsen aus ihren Mündern, ihre roten Augen glühten und ihre Haare standen zu Berge. Und da erblickte er seine eigene Mutter, die zwischen die Hexen trat, und sie sah nicht weniger wild aus als die anderen. Schnell schlug er die Hand vor den Mund, um nicht aufzuschreien.

»Du bist heute wieder dran, das Opfer zu holen«, sagten die anderen Hexen. »Du hast doch noch einen Sohn. Her mit ihm!«

Die Mutter zog eine getrocknete Menschenhaut aus der Tasche und schlug damit auf den Boden. Der jüngste Bruder auf dem Baum fühlte ein so heftiges Ziehen und Zerren, dass sich zu seinem Schrecken einer der Knoten löste. Wieder schlug die Mutter mit der Menschenhaut auf den Boden und der nächste Knoten löste sich. Mit jedem weiteren Schlag löste sich noch ein Knoten, bis alle neun Knoten offen waren. Nur noch der letzte, heilige Knoten hielt stand. Der Sohn zitterte und betete. So furchtbare Angst hatte er noch nie in seinem Leben gehabt.

Die Hexen flüsterten aufgeregt miteinander. Nach neun Schlägen hatte das Opfer da zu sein. Unter ihren bösen Blicken schlug die Mutter mit aller Kraft noch einmal mit der Menschenhaut auf den Boden. Nichts geschah.

Drohend richtete die Mutter ihre glühenden Augen auf die anderen Hexen. »Wehe, wenn eine von euch ihn gewarnt hat!«

Alle schüttelten den Kopf und zischten durch ihre Fangzähne.

»Na gut, ich hole einen anderen«, knurrte die Mutter.

Nach neun Schlägen mit der Menschenhaut stand ein fremder junger Mann in ihrem Kreis. Sie töteten ihn auf magische Weise und kochten ihn in einem großen Topf. Als das Festmahl beendet war, verschwanden sie wieder in der Dunkelheit.

Lange wagte es der gerettete Sohn nicht, vom Baum zu steigen. Dass seine Mutter eine Hexe war und seine vier Brüder getötet und verspeist hatte, entsetzte ihn bis tief ins Herz.

Nach seiner Heimkehr auf wackeligen Beinen berichtete er seiner jungen Frau flüsternd das grausige Geschehen. »Was soll ich jetzt nur tun?«, fragte er. »Ich habe Angst um mein Leben.«

»Weglaufen hätte keinen Zweck«, antwortete seine Frau. »Deine Mutter könnte dich von überall herzaubern. Es gibt nur eine Lösung. Du musst sie vernichten. Bist du dazu bereit?«

»Ja, dazu bin ich bereit«, sagte ihr einziger verbliebener Ehemann. »Da sie eine Hexe geworden ist, ist sie nicht mehr meine Mutter. Sag mir, was ich tun soll.«

Seine junge Frau beschrieb ihm, wie er die Hexe, die

nicht mehr seine Mutter war, überlisten könne. Denn einfach umbringen, erklärte sie, ließ sich eine Hexe nicht, wie wohl jeder wisse.

»Wenn sie morgen früh hinaus zum Melken geht«, sagte sie, »musst du ihr folgen. Du weißt, sie hat eine Lieblingskuh, die sie jeden Morgen als Erste drannimmt. Diese Milch tut sie immer beiseite. Es ist nämlich so: Beim Melken schickt sie ihre Lebenskraft in die Kuh. Genau in diesem Augenblick musst du die Kuh töten. Nur so kannst du die Hexe vernichten.«

Der jüngste Bruder nahm all seinen Mut zusammen und folgte am nächsten Morgen seiner Mutter zu den Kühen. Das fiel nicht auf, denn auch er ging jeden Morgen zum Melken. Diesmal jedoch sagte er: »Wenn du willst, helfe ich dir und halte das Kälbchen fest. Es ist immer so wild.«

Das war der Mutter recht und sie hockte sich neben die Kuh und begann zu melken. Der Sohn hielt das Kalb mit der linken Hand, mit der rechten hatte er den Knauf des Messers unter seiner Chuba gepackt. Er schwitzte und zitterte vor Aufregung, denn es war ihm klar, dass er den richtigen Augenblick nicht verpassen durfte. Da sah er plötzlich, wie sich die Augen der Kuh glühend rot verfärbten. Sofort ließ er das Kalb los und rammte sein Messer in den Hals der Kuh, blind vor Panik stach er noch einmal zu und noch einmal. Das Blut spritzte in einer großen Fontäne aus der Kuh und die Hexe stürzte zu Boden und war tot.

Der Sohn ließ die Hexe verbrennen und füllte ihre Asche in einen Ziegenmagen. Er hatte beschlossen, alles zu tun, um die Mutter von ihrem schlimmen Karma als Hexe zu erlösen. Zu diesem Zweck baute er vor seinem Haus eine Stupa und mauerte dort die Asche ein. Er selbst und viele andere würden die Stupa umrunden und Mantras des Mitgefühls sprechen, und so würden ihr viele Verdienste gewidmet werden.

Es wurde eine sehr schöne Stupa, nur die silberne Farbe für den Verputz fehlte noch. Aber die Silberfarbe war sehr kostbar und der Sohn konnte sie sich nicht leisten. Schließlich kam ihm der Gedanke, einen Yogi, der in einer Höhle auf dem Berg lebte, um Rat zu bitten.

»Ach, heiliger Mann«, sagte er, »großes Unheil ist in meiner Familie geschehen. Meine Mutter wurde zur Hexe und hat meine vier Brüder gefressen. Deshalb musste ich sie vernichten. Aber sie war doch meine Mutter und ich kann sie nicht dem Höllenbereich überlassen. Ich habe eine Stupa um ihre Asche gebaut, aber jetzt fehlt mir die silberne Farbe, um sie fertigzustellen. Was soll ich nur tun?«

Der Yogi wiegte den Kopf, strich über seinen Bart und nach kurzer Innenschau riet er seinem Besucher: »Geh wieder hinunter ins Tal und trage der ersten Person, der du begegnest, deine Bitte vor. Was du dann bekommst, bringst du zu mir.«

Oje, wer wird mir schon kostbare Silberfarbe geben, dachte der Sohn entmutigt und stieg den Berg hinab. Er war noch gar nicht lange unterwegs, da begegnete ihm eine junge Hirtin.

»Woher und wohin?«, fragte sie, wie es üblich war, und er erzählte ihr seine betrübliche Geschichte.

»Und jetzt habe ich keine Silberfarbe«, endete er, »und ich weiß nicht, wo ich sie herbekommen könnte.«

»Nun, wenn es nur das ist«, sagte die Hirtin. »Gib mir deine Schale.«

Verwundert zog er seine Schale aus der Chuba und reichte sie ihr.

Die Hirtin pinkelte in die Schale, gab sie ihm und ging weiter. Mit dieser Gabe sollte er zu dem Yogi gehen? Aber der heilige Mann hatte nun einmal gesagt, er solle das bringen, was ihm die erste Person gab, der er begegnete.

Wieder stieg er den Berg hinauf. Zögernd zeigte er dem Yogi die Schale mit dem Urin und berichtete, wie er dazu gekommen war. Der Yogi lächelte, pustete über die Schale und gab sie zurück. Da war sie voller Silberfarbe.

»Dies wird für deine ganze Stupa reichen«, sagte er. »Übrigens, hast du die Hirtin erkannt?«

Der jüngste Bruder verneinte und der Yogi sagte: »Das war deine eigene Frau, aber du wirst sie zu Hause nicht mehr vorfinden. Dieses Wesen, das du für deine Frau gehalten hast, ist eine himmlische Dakini, und sie kam nur aus dem Bereich der göttlichen Wesen, um dem bösen Treiben deiner Mutter ein Ende zu setzen.«

Mit dem Segen des Yogis ging der jüngste Sohn ins Tal hinunter und tatsächlich reichte die magische Silberfarbe für die gesamte Stupa.

Der junge Mann nahm nie wieder eine Frau, denn so viel Schönheit und Weisheit wie die himmlische Dakini hatte keine andere zu bieten.

Die zweite Frau

Es war einmal ein sehr wohlhabender Distriktaufseher, der musste oft durchs Land reisen und nach dem Rechten sehen. Bei solch einer Gelegenheit verbrachte er einmal eine Nacht im Haus einer Witwe. Diese Witwe hatte eine sehr schöne Tochter, in die sich der Distriktaufseher augenblicklich verliebte.

»Gib mir deine Tochter«, sagte er zu der Witwe. »Du hast ja nur ein kleines Haus und nicht einmal eine Magd. Bei mir hingegen wird es ihr so gut gehen, als wäre sie eine Prinzessin. Ich habe ein großes, schönes Haus und mehrere Bedienstete, da muss sie sich nicht die Hände schmutzig machen.«

Die Witwe dankte für die Ehre, lehnte jedoch den Antrag ab. Das gehe nicht, sagte sie, denn dann würde sie ganz allein bleiben, sie habe ja sonst niemanden. Er solle sich das bitte aus dem Kopf schlagen. Aber der Distriktaufseher ließ sich nicht einfach abweisen. Er reiste zwar ab, kam jedoch nach einiger Zeit mit mehreren Ziegen und einem Ziegenbock zurück.

»Schau, diese Ziegen bekommst du, wenn du mir deine Tochter gibst«, sagte er. »Falls das Böckchen sich anstrengt, wirst du bald eine schöne Ziegenherde haben. Was glaubst du, wie man dich dann achten wird im Dorf.«

Die Frau betrachtete begehrlich die Ziegen. Doch sie zögerte.

»Das ist ja schön und gut«, sagte sie. »Aber Ihr seid ein stattlicher und noch junger Mann und offenbar ziemlich reich, da wäre es doch ein Wunder, wenn Ihr nicht schon eine Frau zu Hause hättet. Eine zweite Frau hat es meistens nicht gut. Nein, nein, ich will Euch meine Tochter nicht geben.«

Der Distriktaufseher beteuerte, zu Hause warte keine Frau auf ihn, denn er habe bisher die Richtige noch nicht gefunden und ihre Tochter sei eben die Richtige. Mit großer Geste zog er eine kostbare Halskette aus Türkisen und Korallen aus der Tasche und legte sie dem Mädchen um. Mutter und Tochter waren tief beeindruckt. Nachdem der Distriktaufseher noch einige Geschenke versprochen hatte, willigte die Mutter ein und im Handumdrehen hatte er ein prächtiges Pferd für seine Braut besorgt und ritt mit ihr davon.

Sie ritten den ganzen Tag und dann noch einen halben, bis sie sich endlich dem Anwesen des Distriktaufsehers näherten. Er hielt die Pferde an und sagte: »Meine Schöne, ich muss dir gestehen, ich habe doch schon eine Frau. Wie ich sie kenne, wird sie über eine zweite Frau nicht glücklich sein. Es ist besser, wenn du dich als Junge verkleidest. Dann kann ich sagen, du wärest mein Assistent bei den Geschäften, und wenn sie sich dann an dich gewöhnt hat, klären wir die Sache auf.«

Dem Mädchen nützte alle Empörung nichts, ihre Mutter hatte nun einmal die Geschenke angenommen und sie hergegeben. Und sie selbst hatte ja auch nichts dagegen gehabt, die Frau eines reichen Mannes zu werden. Also zog sie Männerhosen und eine Männer-Chuba an, und der Distriktaufseher war zufrieden. Als sie in den Hof seines Anwesens ritten, kamen Bedienstete aus dem Haus gelaufen, gefolgt von einer Frau, die den jungen Begleiter ihres Mannes misstrauisch musterte.

»Hast du einen Gast mitgebracht?«, fragte sie.

»Das ist mein neuer Gehilfe«, erklärte der Distriktaufseher. »Mein alter Gehilfe ist zwar ein guter Mann, aber die Arbeit wird zu viel für ihn.«

Und so musste die heimliche zweite Frau ihrem Mann als scheinbarer Gehilfe zur Hand gehen, doch sehr viel hatte sie dabei nicht zu tun. Bald legte sich ihr Ärger über die Täuschung, denn sie fand immer mehr Gefallen an ihrem Ehemann und wartete jede Nacht ungeduldig darauf, dass er zu ihr kam, sobald die erste Frau eingeschlafen war. Der Distriktaufseher war sehr zufrieden mit sich, hatte er doch nun eine fähige Frau für die Arbeiten des Tages und eine muntere junge Frau für die Freuden der Nacht. Immer ausgiebiger vergnügten sie sich miteinander, jede Nacht ein bisschen länger.

»Du musst gehen, sonst bemerkt sie etwas«, sagte die zweite Frau und hielt ihn doch zugleich fest.

»Ja, ich sollte gehen«, sagte der Distriktaufseher, konnte aber seine Hände nicht von ihr lassen.

Es kam, wie es kommen musste. Bald hatte die erste Frau durchschaut, dass der vermeintliche Gehilfe in Wirklichkeit die zweite Frau ihres Mannes war, und dies offenbar sehr zu seinem Entzücken.

Der Distriktaufseher hatte keine Ahnung, dass seine erste Frau eine Hexe war, obwohl sich die Leute schon seit langer Zeit das Geheimnis hinter vorgehaltener Hand zuflüsterten. Und dass ihr Distriktaufseher ein rechter Tor sei, das flüsterten sie auch.

Die Hexe verbarg ihre Wut und wartete, bis ihr Mann wieder einmal für einige Tage verreisen musste.

»Meine Allerschönste«, sagte er zu seiner zweiten Frau, »ich muss kurz verreisen, aber ich bin ganz schnell wieder da. Ich habe gesagt, dass du viel Arbeit hast und niemand dich stören darf.«

Die zweite Frau fürchtete sich und flehte ihn an zu bleiben, aber vergebens. Er sagte, es sei gewiss alles in Ordnung, und versprach, sich zu beeilen.

Kaum war er davongeritten, stürmte die Hexe in das Zimmer der Nebenbuhlerin und zerrte sie an den Haaren in die Küche.

»So«, sagte sie, »du falsches Biest. Jetzt sollst du mal sehen, wie es ist, die zweite Frau zu sein.«

Sie zwang die junge Frau, unentwegt zu arbeiten, schlug sie und zerrte sie an den Haaren hierhin und dorthin und gab ihr Aufgaben für die Nacht, um ihr keine Zeit zum Schlafen zu lassen. Am dritten Tag brach die junge Frau weinend zusammen.

»Bitte, lass mich gehen«, schluchzte sie, »ich kann nicht mehr. Ich gehe zurück zu meiner Mutter und komme nie wieder, ich verspreche es dir.«

»Ha, damit er dich zurückholt?«, schrie die Hexe. »Dazu wird es nicht kommen!«

In ihrer Wut ergriff sie eine Axt und erschlug die junge Frau. In der Nacht schleifte sie die Tote zu einem nahe gelegenen See und warf sie hinein. Erleichtert und zufrieden kehrte sie in das Haus zurück. So gut hatte sie sich schon lange nicht mehr gefühlt.

Am Tag darauf kam der Distriktaufseher von seiner Reise zurück und fragte sogleich nach seinem Gehilfen. Die Hexe hatte ihre besten Kleider angezogen, um ihn zu empfangen, doch das nahm er gar nicht wahr. Er schob sie beiseite und stürmte mit böser Vorahnung in das Zimmer der zweiten Frau. Als er sie dort nicht vorfand, suchte er sie in den Vorratsräumen, er suchte sie im Stall und wurde immer verzweifelter. Als die Hexe sah, wie der Distriktaufseher außer sich vor Kummer das ganze Haus nach seiner Geliebten durchsuchte und in jeden Winkel schaute, kannte ihre Eifersucht keine Grenzen und sie schrie: »Dort im See liegt sie, das üble Ding. Du kannst sie dir ja holen.«

Tatsächlich fand der Distriktaufseher die Leiche seiner zweiten Frau im See.

Die Leute hörten schnell von dem Verbrechen und versammelten sich vor dem Anwesen. Sie erklärten dem Distriktaufseher, dass seine Frau eine Hexe sei, die man nur töten könne, indem man ihren Lebenskraftbaum fällte. Dann zeigten sie ihm, welcher Baum das war. Sofort fällte der Distriktaufseher den Lebenskraftbaum, und die Hexe, die wütend und triumphierend vor ihrer Haustür stand, fiel tot um.

Der Distriktaufseher ließ für seine tote geliebte zweite Frau einen großen Scheiterhaufen bauen und legte ihren Körper eigenhändig darauf. Ein Feuer wurde entzündet und bald schlugen die Flammen hoch. Aber seltsam, sie verzehrten nur ihre Kleider, ihren Körper ließen sie unberührt. Ach, dachte der tief trauernde Mann, du kannst nicht gehen ohne mich, meine zweite Frau, und er legte sich zu ihr ins Feuer. Da verbrannten beide und nur ein großer Aschehaufen blieb von ihnen zurück.

Am frühen Morgen kam ein Bauer an dem Anwesen vorbei und sah den Verbrennungsplatz.

»Oh, jemand ist gestorben«, sagte er, und weil er nichts anderes hatte, das er zur Ehre des Toten geben konnte, griff er in den Sack mit Futter für sein Maultier und warf eine Handvoll Erbsen in die Asche. Zu seiner Überraschung flog ein goldenes Vögelchen aus dem Aschehaufen. Gleich warf er noch ein paar Erbsen hinterher und ein türkisfarbenes Vögelchen flog heraus.

»Ei der Daus!«, rief der verdutzte Mann und warf noch weitere Erbsen dazu, aber da war Schluss mit den Vögeln und er ging kopfschüttelnd weiter.

Die beiden Vögelchen flogen zum Palast des Königs dieses kleinen Königreiches und ließen sich im königlichen Garten nieder. Der König wurde auf diese außergewöhnlichen Vögel aufmerksam und wünschte sie zu behalten. Nachdem er einen goldenen Käfig für sie hatte bauen lassen, flogen sie von selbst hinein. Der König dachte, es müsse wohl eine besondere Bewandtnis mit ihnen haben, und ließ nach einem weisen Lama schicken. Nachdem er den Lama bewirtet und beschenkt hatte, bat er ihn um seinen Rat.

»Diese beiden Vögel«, sagte der Lama, »waren in einem ihrer früheren Leben ein Prinz und eine Prinzessin. Ihr Karma hat dazu geführt, dass sie schließlich zu Vögeln wurden.«

Er erklärte dem König, dass es eine Möglichkeit gebe, die beiden aus ihrer Vogelgestalt zu erlösen. Dazu müsse er ihren Käfig an einem bestimmten Glück bringenden Datum öffnen, aber auf keinen Fall vorher oder nachher.

Der König war entzückt über diesen Rat, beschenkte den Lama gleich noch einmal und wartete aufgeregt auf den genannten Tag. Jeden Tag setzte er sich vor den Käfig und sagte: »Ach, ist das schön aufregend! Ich werde euch befreien. Bald seid ihr wieder Menschen.«

Und so geschah es. Am Glück bringenden Tag öffnete der König den Käfig und die beiden Vögel flogen heraus. Vor seinen Augen verwandelte sich der goldene Vogel in den jungen Mann, der einmal Distriktsaufseher gewesen war, und der andere in die junge Frau, die er einmal als zweite Frau gewählt hatte. Die beiden fielen einander in die Arme, und da der König keine Kinder hatte, gewährte er ihnen, bei ihm zu bleiben.

»Denn schließlich sagte der Lama, dass ihr einmal Königskinder wart. Da ist es nur recht und schön, wenn ihr dies auch jetzt wieder seid.«

Die böse Stiefmutter

Es lebte einmal – es ist schon lange her – ein Prinz in einem schönen Land mit bewaldeten Bergen und reichen Tälern. Als der König plötzlich starb, brauchte der so unverhofft zum König gewordene Prinz dringend eine Frau. Da der König des Nachbarlandes zwei Töchter hatte, Nyima und Dawa, ließ er dort anfragen, ob er eine der beiden haben könne. Das war dem König des Nachbarlandes sehr recht, denn seine Töchter waren im heiratsfähigen Alter. Also gab er die ältere Tochter Nyima dem Prinzen zur Frau. Ein großes, viele Tage dauerndes Fest wurde gefeiert, wobei der junge König feststellte, dass seine Nyima die Schönere der beiden Schwestern war. Das steigerte noch seine Zufriedenheit.

Wie es von der neuen Königin erwartet wurde, bekam sie nach einem Jahr einen gesunden Sohn. Das Glück des jungen Königs war vollkommen und er ließ allen Göttern und Schutzgeistern reichliche Gaben opfern.

Aber wie das so ist mit dem Glück – es ist vergänglich. Der kleine Prinz war kaum zwei Jahre alt, als Königin Nyima bei der Geburt ihres zweiten Kindes starb. Auf dem Sterbebett flüsterte sie dem König zu: »Keine Stiefmutter für unseren Sohn!«

Der junge König wollte den letzten Wunsch der Königin achten, dachte aber, dass das Land eine Königin brauche und das Kind nicht ganz ohne Mutter aufwachsen könne. Was lag näher, als die Schwester zur Frau zu nehmen, die ja keine Fremde war. Dass sie weniger schön war als Nyima, missfiel ihm zwar, aber es schien ihm die einzig mögliche Lösung zu sein.

Auch Dawa gebar nach einem Jahr einen Sohn. Die

beiden Prinzen wuchsen miteinander auf und wurden die besten Freunde. Gemeinsam lernten sie Reiten und Bogenschießen, und sie konnten sich nicht vorstellen, ohneeinander zu sein.

Dawa benahm sich so sanft und freundlich wie ihre Schwester, doch sie war von eifersüchtiger Wesensart. Wie sehr hatte sie ihren Groll stets unterdrücken müssen, wenn sie hörte, wie die Schönheit der Schwester gelobt wurde. Und als Nyima den jungen König zum Mann bekam, der ihrer Meinung nach ebenso gut der ihre hätte sein können, hatte dies ihren Ärger noch vertieft. Der Gedanke, dass nicht ihr Sohn der Erbe des Königs sein würde, sondern der Sohn der Schwester, plagte sie von Tag zu Tag mehr.

Eines Tages geschah es, dass sie die Frauen in der Küche von einem wandernden Zauberer reden hörte, der gegen gute Geschenke alle möglichen Heilungen und Zaubereien vornahm. Dieser Zauberer, so erfuhr sie, hatte im Dorf unterhalb der Burg eine zeitweilige Unterkunft gefunden.

Am nächsten Morgen stellte Dawa sich krank. Sie jammerte und stöhnte herzerweichend und wälzte sich wie unter großen Schmerzen hin und her. Man solle den Zauberheiler aus dem Dorf kommen lassen, sagte sie zum König, sonst müsse sie sterben wie ihre arme Schwester. Der junge König, der wie jedermann überzeugt war, dass die meisten Krankheiten von bösen Geistern verursacht wurden, ließ sofort nach dem Zauberer schicken.

»Alle sollen rausgehen«, flüsterte Dawa dem Zauberer zu, der sich über ihr Lager beugte, und schob ihm heimlich Gold und kostbare Steine zu. Der Zauberer, der für solche Geschenke ein feines Händchen hatte, machte dem König und den anderen Anwesenden klar, er müsse nun versuchen, mit dem Geist der Krankheit in Verbindung zu treten, und um niemanden in Gefahr zu bringen, bitte er alle, den Raum zu verlassen.

Als sie nun mit dem Zauberer allein war, konnte Dawa jede Verstellung aufgeben. »Höre, Zauberer«, sagte sie mit der Härte, die sie sonst gut zu verbergen wusste, »du sollst dem König ein Heilmittel für meine Krankheit sagen, das ich dir nennen werde. Wenn du damit einverstanden bist, wirst du noch viel mehr Gold und kostbare Steine bekommen. Aber zuerst musst du mir versprechen, dass du genau das tun wirst, was ich sage, und dass du niemandem jemals ein Wörtchen davon verraten wirst.« Ein Zauberer musste sein Versprechen halten, das wusste sie, sonst konnte es geschehen, dass er seine Zauberkräfte verlor.

Der Zauberer gab sein Versprechen und Dawa erklärte ihren Plan: »Du wirst dem König sagen, dass ein sehr böser Geist unser Land bedroht und vom König das Leben der Königin verlangt. Mein Tod könne nur abgewendet werden, wenn er seinen ersten Sohn opfere. Sag ihm, dass er ja noch einen weiteren Sohn hat und dass die Königin ihm noch viele weitere Söhne gebären wird. Und sage ihm auch, die Königin müsse noch in dieser Nacht sterben, es sei denn, er töte seinen ersten Sohn.«

Also rief der Zauberer den König ans Krankenlager der Königin und wiederholte, was sie ihm aufgetragen hatte. Dem jungen König, der ein guter König war, lag sein Land sehr am Herzen. Außerdem wollte er nicht noch eine Frau verlieren, denn man wusste ja nie, wen man danach bekam, und er wollte kein Risiko eingehen. Nach kurzer Zeit des Bedenkens willigte er ein. In dieser Nacht würde er schweren Herzens seinen ersten Sohn opfern, um sein Land und die Königin zu retten.

Dass jedoch Dawas Sohn alles gehört hatte, ahnte niemand. Er war ein sehr neugieriger Junge und hatte sich nicht entgehen lassen wollen, wie der Zauberer mit dem bösen Geist sprach. Darum hatte er sich, während alle anderen das Gemach der Königin verließen, hinter einer großen Truhe versteckt. Wie erschrak er, als er hörte, dass sein Bruder getötet werden sollte. Als die Königin schlief, schlich er hinaus und weckte den Bruder, berichtete ihm von den bösen Ränken seiner Mutter und in größter Eile flohen sie aus der Burg.

In ihrer Angst liefen die beiden Jungen die ganze Nacht hindurch und schliefen nur ein wenig am Tag. Sie wagten sich nicht in die Dörfer, denn gewiss würde überall nach ihnen gesucht werden. Die Nahrungsmittel, die sie eingesteckt hatten, waren bald aufgegessen. Sie hatten Hunger und Durst.

Die Landschaft wurde immer unwirtlicher, es gab keine Dörfer mehr und sie begegneten keinem Menschen. Die Erde war kahl und trocken, weit und breit war kein Fluss zu sehen, nur einmal kamen sie an ein fast trockenes Flussbett mit einem kleinen Rinnsal. Selbst die Tiere schienen dieses Land zu meiden.

Bald musste Nyimas Sohn den kleineren Bruder stützen, und schließlich trug er ihn, bis er selbst nicht mehr weiterkonnte. In dieser Nacht starb der erschöpfte kleine Prinz und sein Bruder hielt ihn bis zum Morgen in den Armen. Es brach ihm das Herz, dass er ihn zurücklassen musste, aber schließlich schleppte er sich mühsam weiter.

Es erschien ihm wie ein Wunder, dass er an diesem Tag, an dem er glaubte, selbst sterben zu müssen, ein grünes Tal mit Gras und Bäumen erreichte. Dort lebte ein Einsiedler, der den ausgehungerten Jungen in seine Hütte holte und seine wenigen Vorräte mit ihm teilte.

»Wie kommst du hierher?«, fragte er, als sein junger Gast wieder bei Kräften war.

»Ach, Väterchen«, sagte der Prinz, »ich komme aus einem Königreich hinter den trockenen Bergen. Mein Vater, der König, wollte mich töten und mein lieber Bruder ist unterwegs gestorben.«

Der Einsiedler hatte großes Mitleid mit dem Jungen und lud ihn ein, bei ihm zu bleiben. So blieb Nyimas Sohn bei dem freundlichen Einsiedler, denn er wusste ja nicht, wohin er sonst gehen sollte. Er sammelte Disteln und Reisig für das Herdfeuer, molk die Ziege des Alten und lernte, wie man aus Milch Käse macht. Manchmal kamen Hirten aus den Bergen zu Besuch, brachten Nahrungsmittel für den Einsiedler mit und erzählten, was es Neues gab. Allerdings gab es nie viel Neues, denn das Leben in den Bergen war immer gleich.

Eines Tages kamen Männer des Königs, der in diesem Land herrschte, und fragten den Jungen: »Wurdest du in einem Tigerjahr geboren?«

Nyimas Sohn bejahte das und wunderte sich, warum sie dies wissen wollten. Er erfuhr, dass die Männer durchs ganze Land zogen und nach Kindern suchten, die im Tigerjahr geboren wurden, weil ein Tigerdämon den See in den Bergen bewachte, aus dem das Wasser für das ganze Königreich floss. Alle paar Jahre einmal forderte der Tigerdämon zu einer bestimmten Zeit ein Tigerjahrkind als Nahrung, sonst, so drohte er, würde er den See schließen und das ganze Land würde kein Wasser mehr haben. Nun war die Zeit wieder gekommen, ein Kind zu opfern, aber im Land waren die Tigerjahrkinder knapp geworden.

»Dieser Junge ist doch gar kein Kind unseres Landes«, sagte der Einsiedler unglücklich. »Er ist ein Fremder.«

Aber die Männer waren unerbittlich. »Er ist hier und trinkt unser Wasser«, sagten sie, »das genügt.«

Der Prinz wurde zum König gebracht, der schon voller

Sorge auf seine Männer wartete. Sie waren gerade rechtzeitig heimgekehrt, denn in drei Tagen musste die Forderung des Tigerdämons erfüllt werden.

Nun hatte der König eine Tochter im Alter von Nyimas Sohn und augenblicklich fasste die Prinzessin eine tiefe Zuneigung zu dem Jungen.

»Ich habe mir immer einen Bruder gewünscht«, flüsterte sie ihm zu. »Jetzt haben die Götter mir den Bruder geschickt. Ich werde den Tigerdämon bitten, dich zu verschonen.«

Heimlich folgte sie den Männern, die den Jungen zum Berg des Tigerdämons brachten.

»Geh dort hinauf zum See«, sagten die Männer zu dem Prinzen, denn selbst wollten sie dem Tigerdämon auf keinen Fall begegnen. Kaum waren die Männer auf dem Heimweg, eilte die Prinzessin ihrem Wahlbruder nach. Sie hatte ein Schaf dabei, dem sie das kostbare Tigerfell ihres Vaters über den Rücken legte, sodass der Tigerkopf auf seinen Hörnern lag. Auf dem Berg am Rand des Sees saß der Tigerdämon auf seinem Felsenthron und wartete schon voller Ungeduld.

»Was soll denn das?«, sagte der Dämon verwundert. »Ich habe doch nur ein einziges Kind erwartet.«

Die kleine Prinzessin nahm allen Mut zusammen und entgegnete: »Verehrter Tigerdämon, wir haben etwas viel Besseres als ein Tigerjahrkind mitgebracht. Seht doch nur!«

Sie führte das gut genährte Schaf im Tigerfell vor den Felsenthron.

»Nun ja«, sagte der Tigerdämon und wiegte den Kopf. »Ich habe zwar gern meine Ordnung, aber das ist ja etwas ganz Besonderes. Gut, gut.« Und er schmatzte erfreut.

»Jawohl, etwas ganz Besonderes für den verehrten besonderen Tigerdämon«, bestätigte die Prinzessin. »Wir gehen dann mal wieder.«

Und schnell liefen die beiden den Berg wieder hinunter und zurück zur königlichen Burg. Das Wasser floss, die Flüsse und Wasserfälle rauschten fröhlich, der Tigerdämon hatte den Tausch angenommen. Im ganzen Land herrschte Freude, nur der König war nicht ganz so glücklich. Er trauerte seinem schönen Tigerfell nach.

Der Prinz hatte es sehr eilig, zum Einsiedler zurückzukehren, dem er sein Leben verdankte. Die Prinzessin, die ihn gern bei sich behalten wollte, konnte ihn nicht umstimmen, und so beschloss sie, mit ihm zu gehen. Wie glücklich war der Einsiedler, als er den Jungen, den er liebte wie einen eigenen Sohn, wohlbehalten zurückkommen sah. Ganz dünn vor Trauer war der alte Mann geworden, und es hätte nicht viel gefehlt, so wäre er vor Kummer gestorben.

»Väterchen, jetzt ist es an mir, für dich zu sorgen, wie du mir geholfen hast«, sagte der Prinz, und die Prinzessin unterstützte ihn dabei, den alten Mann gesund zu pflegen.

So verbrachten die beiden eine glückliche Zeit mit dem Einsiedler, fern von allen Irrungen und Wirrungen der Welt. Doch auch dies hatte ein Ende, wie eben alles ein Ende hat. Von wandernden Hirten vernahmen sie das Gerücht, dass im Nachbarland, dem Land des jungen Königs und seiner Königin Dawa, seit langer Zeit Trauer über den Verlust der beiden Prinzen herrschte, denn die Königin, obwohl gesund wie eh und je, hatte keinen Thronfolger mehr geboren, nicht einmal ein Mädchen. Sie sei, sagte man im Volk, trocken wie ein sechs Jahre altes Neujahrsgebäck.

»Ich sollte nach Hause gehen«, sagte der Prinz. »Ich habe eine Verpflichtung meinem Vater gegenüber, auch wenn er bereit war, mich zu töten.«

Es war keine Frage, dass die Prinzessin ihn begleiten würde, und diesmal fanden sie dank der Hilfe der Hirten einen guten Weg zur Burg des Königs.

Groß war die Überraschung und Freude des Königs, seinen ersten Sohn wiederzuhaben. Doch Königin Dawa konnte sich nicht freuen. »Wo ist mein Sohn?«, fragte sie. »Warum ist mein Sohn nicht mitgekommen?«

»Ihr werdet nicht hören wollen, was geschehen ist«, sagte der Prinz. »Aber ich muss es sagen.«

Er berichtete, wie Dawas Sohn den Zauberer belauscht und so den schrecklichen Plan der Königin erfahren hatte und wie qualvoll Dawas Sohn hatte sterben müssen.

Diese Geschichte hat ein schlechtes und ein gutes Ende. Der König erschrak über die furchtbare Lüge der Königin so sehr, dass er tot umfiel. Und kurz danach starb die Königin, vor Kummer und Schuld aller Lebenskraft beraubt.

Aber nun war der junge Prinz König im Land, und die Prinzessin wurde seine Königin und alle waren glücklich und hatten ein gutes Leben.

Der mitleidige Musikant

Es wird vor langer Zeit gewesen sein oder vor gar nicht so langer Zeit, da wanderte ein Musikant durchs Land. Er spielte recht geschickt auf seiner Pferdekopfgeige und kannte viele Lieder, und wenn es ihm gerade in den Sinn kam, erfand er auch neue Liedtexte zu alten Melodien. Das mochten die Leute gern, und sie gaben ihm so manches gute Geschenk, wenn er sie im Familienkreis oder bei einem Fest unterhielt.

Als er einmal durch ein hübsches Tal wanderte, in dem Schafe grasten, sah er einen Hirten, der eine weiße Schlange gefangen hatte und dabei war, ihr den Kopf abzuhacken.

Der Musikant lief eilig hinzu und rief: »Halt ein, guter Mann! Hat nicht der Buddha, der Erleuchtete, gesagt, Töten bringt schlechtes Karma? Das willst du doch gewiss nicht.«

Der Mann hielt inne. »Das mag ja gut und schön sein«, sagte er, »aber diese Schlange ist eine Gefahr für Mensch und Tier, das kann man nicht dulden.«

Der Musikant hatte ein mitleidiges Herz. Er zog ein kleines Stück Gold aus der Tasche und sagte: »Dieses Gold gebe ich dir, wenn du die Schlange verschonst.«

Gierig griff der Hirte nach dem Gold und warf die Schlange ins Gras. Augenblicklich machte sie sich davon und verschwand im nahen Flüsschen.

»Du bist ja ein ulkiger Kerl«, sagte der Hirte, »verschenkst Gold für nichts. Aber mir soll's recht sein.«

Der Musikant ging weiter und dachte: Wenn hier jemand ein ulkiger Kerl ist, bist du es, guter Mann, wenn du denkst, dass Leben weniger wert ist als Gold.

Am Rand eines Dorfes traf der Musikant auf einen Mann,

der mit einem großen Prügel auf einen Hund einschlug. Das Tier lag am Boden und jaulte und winselte, doch der Mann hörte nicht auf zu prügeln.

»Halt ein!«, schrie der Musikant. »Du schlägst ihn ja tot.«

»Genau das tu ich«, keuchte der Mann und schlug weiter. Der Musikant legte die Hand auf den Arm des Mannes. »Hat nicht der Buddha, der Erleuchtete, gesagt, Töten bringt schlechtes Karma? Das willst du doch gewiss nicht.«

Der Mann schüttelte abwehrend den Kopf. »Du hast leicht reden. Das ist eine bösartige, bissige Bestie, so etwas kann man hier nicht gebrauchen.«

Der Musikant zog ein Stückchen Gold aus der Tasche. »Wenn du ihn mir gibst, bekommst du dieses Gold.«

Der Mann dachte nicht zweimal nach. Er griff nach dem Gold, versetzte dem Hund einen Tritt und ging kopfschüttelnd ins Dorf. »Musikanten sind ja wunderliche Kerle«, murmelte er, »aber so ein seltsamer Kauz ist mir noch nie begegnet.«

An diesem Tag kam der Musikant nur langsam voran, denn der Hund konnte ihm nur mit Mühe nachhinken und brauchte immer wieder eine Pause. Es ergab sich, dass im nächsten Dorf, das sie erreichten, ein Fest gefeiert wurde, und alle Dorfbewohner waren sehr erfreut über den Besuch des Musikanten. Es wurde viel getanzt, gesungen und getrunken, und da alle in bester Stimmung waren, wurde auch der Hund gut gefüttert und durfte nachts in einem Stall neben dem Musikanten schlafen. Nach den drei Tagen, die das Fest dauerte, ging es dem Hund schon viel besser und er folgte treu seinem neuen Herrn.

Dem Musikanten gefiel das Wandern mit seinem tierischen Begleiter, und er fand es beruhigend, einen Wächter an seiner Seite zu haben. Denn wenn auch Räuber, von denen es genügend gab, eher nach wohlhabenden Kaufleuten Ausschau hielten, konnte es doch geschehen, dass armseliges Gesindel nicht davor zurückschreckte, einem Musikanten seine geringen Habseligkeiten zu rauben.

Nicht lange, da trafen die beiden in einem Dorf auf einen Mann, der eine Katze eingefangen hatte und sie gerade abstechen wollte. War es auch nur eine Katze, so konnte doch der Musikant nicht mit ansehen, wie ihr das kostbare Leben genommen wurde.

»Töte sie nicht!«, rief er. »Hat nicht der Buddha, der Erleuchtete, gesagt, Töten bringt schlechtes Karma? Das willst du doch gewiss nicht.«

Der Mann hielt inne. »Das weiß ich auch, aber dies hier ist ein Notfall. Ich bin Kaufmann und meine Geschäfte gehen schlecht. Diese Katze hat ein schönes Fell, das kann ich gut verkaufen.«

»Ich kaufe dir die Katze lebend ab«, sagte der Musikant und holte ein Stückchen Gold aus der Tasche. »Hier, dieses Gold ist ein Vielfaches von dem wert, was du für das Katzenfell bekommen würdest.«

Der Kaufmann besann sich nicht lang. Mit schnellem Griff nahm er das Gold und drückte dem Musikanten die Katze in den Arm.

»Das ist ein Handel!«, sagte er und eilte davon, falls der Musikant es sich vielleicht doch noch anders überlegen sollte.

»Pass gut auf dich auf, Mieze«, sagte der Musikant und setzte die Katze auf den Boden. Doch die Katze machte keine Anstalten wegzugehen, und als der Musikant und der Hund weiterwanderten, schloss sie sich ihnen an. Auch recht, dachte der Musikant, so viel zu essen werden wir schon auftreiben, dass wir alle drei davon leben können.

In trauter Gemeinsamkeit zogen sie weiter. Wenn der

Weg nicht steil war, sang der Musikant, und der Hund und die Katze sangen mit, so gut sie konnten, wuoh, wuoh und miau, miau. Das war ein vergnügtes Wandern, und der Musikant dachte, dass es ihm zu dritt noch besser gefiel. Der Hund bewachte ihn und die Katze wärmte in den kalten Nächten seine Füße.

Als sie eines Morgens in einem einsamen Tal aufwachten, in dem sie zwischen Büschen Schutz gesucht hatten, rieb sich der Musikant verwundert die Augen. Mitten im Tal stand ein wunderschöner Palast, schöner als jedes Kloster, auf das er je gestoßen war. Wie hatte er den Palast am Tag zuvor übersehen können? War er so müde gewesen?

Nun, es lohnte sich nicht, sich weitere Gedanken zu machen. Er würde zum Torwächter gehen und seine Dienste anbieten, und er würde für sich und seine Tiere gewiss gutes Essen und ein paar Vorräte bekommen.

»Die Prinzessin erwartet dich«, sagte der Torwächter und rief einen Bediensteten herbei.

»Das freut mich natürlich sehr«, sagte der Musikant. »Aber ich bitte darum, dass mein Hund und meine Katze gefüttert werden.«

Der Musikant wurde durch prunkvolle Räume zur Prinzessin geführt. Sie war sehr schön und trug ein schillerndes, funkelndes Gewand, das sie wie Wasser umfloss.

»Ich bin die Tochter des Naga-Königs«, sagte die Prinzessin. »Ich bin dir zu großem Dank verpflichtet, denn du hast mein Leben gerettet.«

»Wie denn das?«, fragte der Musikant überrascht.

Die Prinzessin lächelte. »Du hast einen Hirten daran gehindert, eine weiße Schlange zu töten. Das war ich. Zum Dank darfst du dir von all unseren Schätzen aussuchen, was du willst.«

Der Musikant musste dreimal schlucken, denn es war

bekannt, dass die Nagas über unvorstellbare Mengen von Schätzen wachten. Zuerst wusste er gar nicht, was er sich wünschen sollte, doch dann wurde sein Blick von einem Ring am Finger der Naga-Prinzessin eingefangen. Der blaue Stein des Rings hatte eine so wunderbare Strahlkraft, dass es dem Musikanten war, als strahle ihn der Himmel an.

»Oh, zuhöchst verehrte Prinzessin, ich wünsche mir den Ring an Eurem Finger«, sagte er.

Die Prinzessin zögerte. Schließlich zog sie den Ring ab und hielt ihn sinnend in der Hand.

»Dieser Ring«, sagte sie, »ist so kostbar wie mein Leben. Doch da ich versprochen habe, dir jeden Wunsch zu erfüllen, sollst du ihn bekommen. Aber ich bitte dich, hüte ihn wie deinen Augapfel. Trage ihn Tag und Nacht und nimm ihn niemals ab. Und wenn du in Gefahr bist, drehe ihn dreimal an deinem Finger, dann kommen meine Leute und helfen dir.«

Die Naga-Prinzessin hatte zarte, kleine Hände, doch in der Hand des Musikanten wand sich der Ring wie eine Schlange und nahm genau die Form an, die auf seinen Ringfinger passte. Er konnte seinen Blick kaum von dem strahlenden Stein wenden. Wie im Traum verließ er den Palast, gefolgt vom Hund und der Katze. Nach einiger Zeit schaute er sich um, aber da war weit und breit kein Palast und das Tal lag so einsam vor ihm wie zuvor. Nur der Ring an seiner Hand war immer noch da.

»Habe ich geträumt?«, fragte er laut.

»Nein«, sagte die Katze. »Das Futter war gut.«

Der Musikant dachte, es müsse wohl eine der Fähigkeiten des Rings sein, ihn die Sprache seiner Tiere verstehen zu lassen. Das freute ihn sehr, wie man sich denken kann.

Es war ein unbeschwertes Wanderleben, das sie nun

führten, vom Ring beschützt und in allen Dörfern und Zelten willkommen. Der Hund und die Katze führten sogar einige Kunststücke auf, für die sie stets mit dem besten Futter belohnt wurden.

Eines Tages war der Musikant mit seinen Tieren in einem Dorf bei einem wohlhabenden Kaufmann zu Gast.

»Lass uns die Zeit noch ein wenig mit Würfelspiel vertreiben«, sagte der Kaufmann, nachdem seine Frau eine gute, dicke Abendsuppe aufgetischt hatte. Der Musikant, jederzeit zu einem Würfelspiel bereit, ließ sich nicht lange bitten.

»Für ein Würfelspiel bin ich immer zu haben«, sagte er. »Aber ich bin nur ein armer Musikant. Viel einsetzen kann ich nicht. Höchstens ein paar kleine Goldsplitter.«

»Das macht nichts«, entgegnete der Kaufmann, »es geht ja vor allem um den Spaß.«

Doch dem Kaufmann ging es um mehr als den Spaß. Er war entschlossen, den kostbaren Ring des Musikanten zu gewinnen. Also bewirtete er seinen Gast großzügig mit Chang, und als geschickter Falschspieler stellte er es so an, dass der Musikant zunächst öfter gewann als verlor. Bald hatte der Rausch des Spiels den vom Chang beschwingten Musikanten gepackt, und so kam es, dass der Kaufmann ihn schließlich dazu verführte, seinen Ring gegen die gesamte Habe des Kaufmanns einzusetzen. Und der Musikant verlor.

Nun, da er den Ring hatte, lag dem Kaufmann nichts mehr an seinem Gast. Taub für seine Bitten stieß er ihn in den Stall, dort könne er seinen Rausch ausschlafen. Der Musikant war plötzlich sehr nüchtern. O weh, was für Vorwürfe er sich machte!

»Nie mehr werde ich würfeln«, heulte er, »in meinem ganzen Leben nicht.«

»Das nützt jetzt auch nichts«, sagte der Hund.

»Wir sollten lieber überlegen, wie wir den Ring zurückbekommen«, sagte die Katze.

»Aber wie denn nur?«, jammerte der Musikant.

Die Katze zuckte aufgeregt mit dem Schwanz. »Ich kann klettern und habe leise Pfoten«, sagte sie. »Ich hole den Ring.«

Als die Nacht tief genug war und sich nichts mehr rührte im Haus, schlich die Katze in den Raum, in dem der Kaufmann schlief. Er hatte den Ring, der auf keinen seiner dicken Finger passte, in eine Schale neben seinem Bett gelegt. Geschwind schnappte die Katze den Ring und schlich unbemerkt davon.

Es versteht sich von selbst, dass die drei augenblicklich aus dem Dorf flohen. Der Hund fand auch in der Dunkelheit den Weg, und als der Morgen anbrach, hatten sie den großen Fluss erreicht, den der Musikant noch nie überquert hatte.

»Gewiss verfolgt uns der Kaufmann«, sagte der Musikant. »Wir müssen irgendwie ans andere Ufer gelangen.«

Er wagte nicht, die Leute der Naga-Prinzessin zu Hilfe zu rufen, denn dann hätte er ja sagen müssen, warum er vor dem Kaufmann floh.

Der Fluss war breit und nirgendwo war ein Fährboot zu sehen. Der Hund war der Einzige der drei, der schwimmen konnte. Der Musikant lief verzweifelt hin und her und raufte sich die Haare. So viel Glück hatte er gehabt und so viel Unglück hatte er sich durch seine Dummheit eingebrockt.

»Hör auf, hin und her zu rennen«, sagte der Hund. »Das stört mich beim Nachdenken.«

Er dachte angestrengt nach und hatte bald eine Idee. »Wir machen es so«, sagte er. »Die Katze setzt sich auf meinen Rücken und du hältst dich an meinem Schwanz fest. Aber du musst kräftig mit den Beinen zappeln.«

So machten sie es, denn eine andere Lösung gab es nicht. Der Hund schwamm los, die Katze auf dem Rücken, und der Musikant klammerte sich an seinen buschigen Schwanz und zappelte kräftig mit den Beinen. Da er große Angst hatte, der Ring könnte in der sprudelnden Flut von seinem Finger rutschen, nahm er ihn in den Mund.

Diese Art der Flussüberquerung war ein abenteuerliches Unterfangen. Der Hund paddelte mit den Füßen, so schnell er konnte, die Katze krallte sich in seinem Fell fest und miaute verzweifelt, denn sie hasste Wasser, und der Musikant klammerte sich mit einer Hand an den Schwanz des Hundes, während er mit der anderen seine kostbare Pferdekopfgeige über den Kopf hielt.

Plötzlich wurden die drei von einer Strömung erfasst und unwillkürlich schrie der Musikant um Hilfe. Dabei fiel der Ring aus seinem Mund und verschwand in den Fluten.

»O nein, o nein!«, rief der Musikant, aber es war zu spät. Der Ring war verloren. Aber als würden unsichtbare Hände die drei tragen, wurden sie sanft ans sichere Ufer geschwemmt.

Triefnass und unglücklich saß der Musikant am Rand des Flusses und weinte um den kostbaren Ring.

»Wir sind gerettet«, sagte der Hund.

»Und der Ring ist dort, wo er herkam, bei den Nagas«, sagte die Katze.

Der Musikant hörte auf zu weinen und nickte. »Ihr habt recht«, sagte er. »Alles ist gut. Die Naga-Prinzessin hat ihren Ring wieder und wir drei haben einander.«

Der Drachentöter

In einer vergangenen Zeit, als Drachen und menschenfressende Dämonen das Land unsicher machten, lebte ein sehr armer Mann mit seiner sehr armen Frau. Die Frau bekam einen Sohn und dann noch einen, danach starb sie. Der arme Mann bemühte sich sehr, seine Kinder und sich selbst satt zu bekommen, aber das war schwer und wurde immer schwerer.

Der arme Mann hatte einen reichen Bruder, der hingegen immer reicher wurde. In dem Maße, in dem der arme Bruder Unglück hatte, hatte der reiche Bruder Glück.

Eines Tages fand der arme Mann beim Holzsammeln im Wald eine kleine Vogelfeder aus purem Gold. Die brachte er zum reichen Bruder, der ihm dafür Essen für seine kleine Familie gab. Doch das reichte kaum länger als einen Tag.

Am nächsten Tag ging der arme Mann wieder in den Wald und fand wieder eine goldene Vogelfeder, die er beim Bruder gegen gutes Essen tauschte. Und so ging es einige Tage weiter.

Nun hatte der reiche Bruder so einiges bei einem Zauberer gelernt und wusste mehr als die gewöhnlichen Leute. Deshalb hatte er auch so viel Glück gehabt. Er war sich sicher, dass der arme Bruder auf ein Zaubervögelchen gestoßen sein musste. Zaubervögelchen haben ein Zauberherz, das ganz außergewöhnliche Fähigkeiten verleiht, und dieses Herz, dachte der reiche Bruder, musste er unbedingt haben.

Also sagte er eines Tages zum armen Bruder: »Ich mache dir einen Vorschlag. Es ist doch mühsam, dass du jeden Tag nach einem goldenen Federchen suchen musst. Du solltest das Vögelchen fangen und mir bringen, dann teile ich meinen ganzen Reichtum mit dir.«

Der arme Mann wurde fast wirr im Kopf von der Vorstellung, die Hälfte von allem Hab und Gut seines Bruders zu bekommen. Wie gut es seinen beiden Jungen gehen würde! Ein schönes Haus und prächtige Tiere und jeden Tag so viel zu essen, wie sie nur wollten. Was für ein herrliches Leben.

Eilig schickte der arme Mann seine Söhne in den Wald auf die Suche nach dem goldenen Vögelchen. Sie waren schnell und geschickt, und es gelang ihnen, das Vögelchen zu fangen. Der reiche Bruder drehte dem Vögelchen den Hals um und wies seine Frau an, säuberlich alle goldenen Federn auszurupfen und es dann zu kochen. Sobald es gar war, sollte sie ihm das Herz des Vögelchens bringen, damit er es essen könne. Dass die beiden Söhne des armen Mannes dies gehört hatten, wusste er nicht.

»Warum nur das Herz?«, überlegten die Jungen. Es musste etwas Besonderes an diesem Vogelherz sein. Schnell fingen sie einen gewöhnlichen Vogel, kochten ihn und tauschten sein Herz in einem unbeobachteten Augenblick in der Küche gegen das Herz des goldenen Vogels aus. Dieses teilten sie brüderlich miteinander und aßen es.

Der reiche Mann bemerkte sofort, dass ihm das falsche Herz serviert wurde. Er wusste auch, dass seine beiden Neffen die Diebe waren, und wurde über alle Maßen zornig. Nicht nur hatten sie ihm das kostbare Zauberherz geraubt, sondern waren mit den Kräften, die das Herz ihnen verlieh, auch eine Gefahr für ihn. Noch waren sie dumme Jungen, aber bald würden sie sich ihrer außergewöhnlichen Fähigkeiten bewusst werden.

»Schau nur, was für ungeratene Söhne du hast«, sagte er zum armen Bruder. »Sie haben alle meine Pläne zunichtegemacht und dein Glück auch, denn jetzt werde ich dir gar nichts geben. Sie wurden mit einem sehr schlechten Karma geboren und werden ein Leben lang Unglück haben, das siehst du wohl ein. Aber du kannst alles wiedergutmachen. Bringe sie weit weg in den Wald und töte sie, dann bekommst du sogar noch mehr als die Hälfte von allem, was ich besitze.«

Der arme Mann war verzweifelt. Schließlich nahm er die beiden Jungen mit in den Wald und führte sie zu einer weit entlegenen Stelle. Dort sollten sie ein weiteres goldenes Vögelchen fangen, sagte er, dann würde alles wieder gut werden und sie würden alle drei ein gutes Leben haben. Damit ließ er sie allein und kehrte nach Hause zurück.

Die Jungen streiften umher und suchten ein goldenes Vögelchen, denn sie wollten ihrem Vater helfen, ein gutes Leben zu haben. Ohne ein goldenes Vögelchen, das war ihnen klar, konnten sie nicht heimkehren. Dank des Zauberherzens empfanden sie weder Hunger noch Durst. Sie aßen Beeren und Kräuter, wenn sie welche fanden, und tranken das Wasser von Bergbächen. Doch das Wunderbarste war, dass sie die Sprache der Tiere verstanden und einträchtig mit Tiger, Bär, Wolf, Leopard, Fuchs und Hase in den Bergen lebten.

Sie wurden große und kräftige junge Männer, und eines Tages beschlossen sie, sich zu trennen und ein jeder für sich sein Glück zu suchen, wie auch immer es aussehen mochte. Denn so war es nun einmal, wenn man erwachsen wurde. Sie wählten einen großen Baum, der alle anderen überragte und von Weitem zu sehen war, und stießen ein jeder sein Messer in seinen Stamm. Sie verabredeten, in einem Jahr – es war etwa die Zeit von Losar, dem Neujahrsfest – wieder zu diesem Baum zurückzukehren. Sollte das Messer eines

Bruders herausgefallen sein, so würde der andere wissen, dass Hilfe nottat.

Der ältere Bruder wanderte nach Osten, der jüngere nach Westen. Nach einiger Zeit kam der ältere Bruder in eine fruchtbare Gegend, in der es ihm gut gefiel. Dort begegnete er einer kleinen Gruppe von Männern, in deren Mitte ein wunderschönes Mädchen in Seiden- und Brokatgewänder gekleidet auf einem reich geschmückten weißen Pferd ritt.

Sie seien Diener des Königs, sagten die Männer, und auf dem Weg zum Drachenberg. Denn es sei dies ein Tigerjahr, und der Drache auf dem Berg verlange jedes Jahr ein im Tigerjahr geborenes Mädchen, sonst würde er das ganze Königreich verwüsten. Nun gebe es aber im ganzen Land keine Tigerjahrmädchen mehr außer der Prinzessin. So schrecklich es auch sei, man müsse sie dem Drachen opfern.

»Ich werde den Drachen töten«, sagte der ältere Bruder entschlossen.

Die Männer warnten ihn, das habe schon mancher versucht, aber der Drache sei ungeheuer groß und stark und keiner habe überlebt. Die Prinzessin müsse allein den Berg hinaufgehen. So sei es üblich.

Doch der ältere Bruder hörte nicht auf die Männer. Am Fuß des Berges angekommen, nahm er die Prinzessin an der Hand und ging mit ihr den steilen Weg hinauf, der zur Höhle des mächtigen Drachen führte. Er rief in alle Richtungen nach seinen Freunden, den Tieren, und schon bald kamen Tiger, Bär, Wolf, Leopard, Fuchs und Hase herbei und begleiteten ihn und die Prinzessin auf den Gipfel des Drachenberges. Als der Drache in Erwartung seines Opfers aus seiner Höhle kroch, fielen Tiger, Bär, Wolf, Fuchs und Leopard über ihn her und rissen ihn in Stücke. Nur

Hase hielt Abstand und guckte zu, da es nicht seine Art war, jemanden in Stücke zu reißen.

Dem älteren Bruder blieb nichts Weiteres mehr zu tun, als mit seinem großen Messer dem Drachen den Kopf abzuhacken, denn schließlich war der Drache viel zu groß, als dass er ihn als Beweis für seine Heldentat hätte mitnehmen können. Auch die große, blaue Zunge schnitt er aus dem gewaltigen Maul und bewahrte sie sorgfältig auf.

Die Diener am Fuß des Berges waren entsetzt, als sie die Prinzessin mit ihrem fremden Begleiter den Berg herunterkommen sahen.

»Wie furchtbar, jetzt wird der Drache unser ganzes Land verwüsten«, jammerten sie.

Doch der Fremde zeigte ihnen den Drachenkopf und beruhigte sie. Oh, wie glücklich die armen Leute waren. Augenblicklich rannten sie los, um dem König von dem großen Glück zu berichten.

Als es Nacht wurde, legten sich die vom Kampf erschöpften Tiere zum Schlafen nieder. Die Prinzessin gab ihrem Drachentöter das kostbarste ihrer Amulette und band ihm ihren schönsten Seidenschal um. In das Fell ihres Retters gehüllt, schlief sie glücklich ein und war sich ganz sicher, dass der König ihn als ihren Ehemann wählen würde.

Sie ahnten nicht, dass sich der mächtigste der königlichen Minister mit einer Gruppe von Reitern auf den Weg gemacht hatte, um nachzusehen, ob das Opfer auch vollzogen worden war. Unterwegs kamen ihm die Diener entgegen und verkündeten voller Freude, der Drache sei von einem mutigen Drachentöter getötet worden, der sich am Fuß des Berges von dem Kampf erhole. Der Minister, der schon lange auf eine Verbindung mit der Prinzessin gehofft hatte, wies seine Männer an, die Diener augenblicklich zu köpfen, denn niemand könne den Drachen töten und sie seien

Verräter an ihrem Land. Trotz der Beteuerung, der Drachentöter habe ihnen den Kopf des Drachen gezeigt, wurden die Diener getötet.

Eilig ritt der Minister mit seinem Gefolge zum Drachenberg. Dort gelang es ihm, im Schutz der Nacht unbemerkt den Drachentöter zu enthaupten und die Prinzessin mitsamt dem Drachenkopf zu rauben. Der Hase, der als Einziger nicht erschöpft war vom Kampf, hatte die Wache übernehmen müssen, aber leider war er binnen Kurzem eingeschlafen. Es war doch ein gar zu aufregender Tag für sein kleines Hasenherz gewesen.

Wie entsetzt waren die Tiere über den Tod ihres menschlichen Freundes, und sie beschimpften den Hasen, weil er eingeschlafen war.

»Bitte nicht schimpfen«, sagte der Hase. »Ich kenne einen Zauber, mit dem ich den Kopf wieder festmachen kann.«

Aber so schrecklich aufgeregt war der Hase, dass er den Kopf falsch herum aufsetzte.

»Wir müssen zu der Zauberin, die den Kopf richtig aufsetzen kann«, sagte er. »Das Problem ist nur, dass sie eine Menschenfresserin ist. Aber wir müssen es wagen. Ich sehe keinen anderen Ausweg.«

Die Tiere nahmen den Drachentöter mit dem verkehrt aufgesetzten Kopf in ihre Mitte und zogen zur Höhle der menschenfressenden Zauberin. Sie war alt und hässlich und ihre Zähne waren sehr lang. Sie kicherte und drehte dem Drachentöter den Kopf um, sodass er wieder nach vorn blicken konnte.

»Schau, schau, so siehst du ganz gut aus«, sagte sie. »Deshalb will ich dich behalten und fressen, sobald ich Hunger habe.« Und sie legte einen Bann auf den Drachentöter und die Tiere, sodass alle umfielen und in todähnlichen Schlaf fielen. Den Drachentöter zerrte sie in ihre Höhle, um ihn für die nächste Mahlzeit aufzubewahren.

Da gerade zu dieser Zeit ein Jahr seit der Trennung der Brüder vergangen war, kam der jüngere Bruder zum Baum an der verabredeten Stelle und sah zu seinem Erschrecken, dass das Messer des älteren Bruders auf dem Boden lag. O weh, dachte er, mein Bruder braucht Hilfe, und sofort zog er los nach Osten. Er fragte alle Leute nach einem Wanderer, den er genau beschrieb, und bald erfuhr er von einem Drachentöter, der wahrscheinlich ein Opfer der menschenfressenden Zauberin geworden war. Es war nicht schwer, die Höhle der Zauberin zu finden, denn jeder wusste von ihr und fürchtete sie. Nun hatte aber der jüngere Bruder im Westen die Zeit nicht müßig verbracht, sondern einiges Zaubern gelernt, und er missachtete alle wohlmeinenden Warnungen der Leute, denn schließlich musste er ja seinen Bruder retten.

Vor der Höhle saß eine überaus hässliche Alte, umgeben von den todähnlich schlafenden Tieren, und schrie: »He, junger Mann, ich bin hungrig und durstig, du könntest einer armen alten Bettlerin ein bisschen von deinen Vorräten abgeben.«

Der jüngere Bruder erkannte sofort, dass er die menschenfressende Zauberin vor sich hatte. Er besaß ein Zauberpulver, das er über die Tiere streute, und schon wachten sie auf und waren munter wie eh und je. Drohend näherten sie sich der Zauberin und Tiger, Bär, Wolf und Leopard fletschten die Zähne.

»Gib sofort meinen Bruder heraus«, sagte der jüngere Bruder, »sonst töten wir dich und ich hol ihn mir selber.«

Die menschenfressende Zauberin sah ein, dass sie unterlegen war, und holte den Drachentöter aus der Höhle. Die Brüder nahmen ihr das Versprechen ab, von nun an keine

Menschen mehr zu fressen, sondern stattdessen zu den Beschützern aller Wesen zu beten, so beeindruckt war sie von den Zauberkünsten des jüngeren Bruders.

»Jetzt gehen wir zum König und holen die Prinzessin«, sagte der ältere Bruder, und gefolgt von den treuen Tieren zogen sie zusammen zur königlichen Burg.

Keinen Tag zu früh kamen sie an, denn die Hochzeit der Prinzessin mit dem obersten der Minister, der sich als der Drachentöter ausgegeben hatte, sollte vollzogen werden. Die beiden Brüder traten vor den König und die versammelten Minister, und der ältere sagte:

»Ich bin der wahre Drachentöter und mein Bruder hat die Menschenfresserin bezwungen. Uns gebührt die Prinzessin.«

Die Prinzessin sah die beiden Brüder an und dachte, dass sie viel lieber die Frau der beiden tapferen jungen Männer werden wollte, als den zwar mächtigen, aber mörderischen Minister zu heiraten. Doch der Minister trumpfte auf, er könne beweisen, dass er der Drachentöter sei, denn er besitze, wie jeder wisse, den Kopf des Drachen.

Der König wusste nicht, was er denken sollte. Vor dem Schloss hörte er Rufe. »Der Minister hat den Drachen nicht getötet, er ist nicht der wahre Drachentöter!«, riefen die Leute, denn es hatte sich herumgesprochen, dass der Fremde den Drachen erlegt hatte und nicht der höchst unbeliebte Minister.

Der Minister ließ zum Beweis den riesigen Kopf des Drachen vor den König bringen. Doch da öffnete der ältere Bruder das Maul des Drachen und sagte: »Und wo ist die Zunge? Auch ein Drache muss eine Zunge haben.« Dann zog er vor den erstaunten Augen des Königs die große blaue Drachenzunge aus seiner Tasche.

Als der König alles erfahren hatte, was es zu wissen gab,

beriet er sich mit seinen übrigen Ministern. Sie berieten lange, und schließlich wurde beschlossen, dass die beiden Brüder die Prinzessin und das halbe Königreich erhalten sollten. Dem verräterischen Minister und seinen lügnerischen Anhängern wurde der Kopf abgeschlagen.

Damit waren die Menschen im Land zufrieden, und alles hatte wieder seine Ordnung.

Schlaumeiergeschichten

In vielen tibetischen Geschichten findet man ein gewisses Augenzwinkern, vor allem wenn es darum geht, einem Schlauen mit noch mehr Schlauheit zu begegnen oder einen Mächtigeren zu überlisten. Obwohl die Tibeter ein raues Bergvolk sind und gewiss keine Engel, haben viele Besucher Tibets von der Freundlichkeit und dem verschmitzten Humor dieses Volkes berichtet. Wobei Humor durchaus so zu verstehen ist, dass sie herzlich über sich selbst lachen können.

Wie in vielen Geschichten dieser Welt wurde auch in Tibet die überlegene List bewundert. Höhere Werte wie Mitgefühl und Mut wurden zwar hochgehalten, aber in der alltäglichen Welt galt es vor allem, findig zu sein, um irgendwie zu seinem Recht zu kommen. Es ist der »kleine Mann«, der einen Weg finden muss, um sich durchzusetzen. Und wenn es eine Frau ist, die ihm das ermöglicht, dient das in einer patriarchalen Gesellschaft wie der tibetischen einem wohltuenden Gleichgewicht.

Man kann sich vorstellen, wie die hier erzählten Schmunzelgeschichten beim Feiern in einer fröhlichen Nomadengesellschaft kräftig zur allgemeinen Unterhaltung beitrugen und zu manchen kreativen Kommentaren herausforderten.

Der Dummling und die Kluge

Es war einmal ein reicher Kaufmann, der hatte einen sehr dummen Sohn namens Tobgyal. Der Junge trieb sich ständig mit einem Narren herum und war es zufrieden, nichts zu lernen. Der Vater machte sich Sorgen, weil sein dummer Sohn zu nichts zu gebrauchen war. Was sollte nur aus ihm werden?

Nachdem alle Versuche, dem Sohn etwas beizubringen, gescheitert waren, hatte die Geduld des Vaters ein Ende.

»Du bist ein Taugenichts und hast nur Unfug im Kopf«, sagte er zornig. »Ein letztes Mal gebe ich dir einen Auftrag. Du bekommst hundert Schafe und hundert Säcke, damit kannst du hundert Säcke Gerste transportieren. Also wirst du sie mit hundert Säcken Gerste zurückbringen, oder du bist nicht mehr mein Sohn.«

Tobgyal trieb die hundert Schafe mit ihren leeren Säcken vor sich her und dachte vergeblich darüber nach, wie er Gewinn machen sollte, bis er nach zwei Tagen an einen Fluss gelangte. Er war müde und hungrig, denn er hatte seinen ganzen Vorrat an Tsampa schon am ersten Tag aufgegessen. Die Schafe waren froh, dass sie in aller Ruhe grasen konnten, während ihr dummer Hirte es seufzend aufgab, weiter nachzudenken, denn das Denken strengte ihn noch mehr an als das Laufen.

Da kam ein hübsches Mädchen an den Fluss, um Wasser zu holen.

»Warum schaust du denn gar so trübsinnig drein«, sagte das Mädchen. »Wenn man so schöne Schafe hat, kann man doch glücklich sein.«

»Was nützen mir die Schafe, wenn ich nicht weiß, womit ich die Säcke füllen soll«, sagte der Sohn des reichen Mannes und erzählte von seinem Dilemma.

Das Mädchen lachte. »Nichts einfacher als das«, sagte das Mädchen. »Schere die Schafe und verkaufe die Wolle. Dann hast du deinen Gewinn.«

»Ich weiß nicht, wie man Schafe schert«, sagte Tobgyal. »Das hab ich noch nie gemacht.«

Das Mädchen zeigte ihm den Weg zu ihrem Dorf, und es fanden sich bald zwei Männer, die bereit waren, für ein Stück Tuch die Schafe zu scheren.

»Aber ich habe doch kein Tuch«, flüsterte Tobgyal dem Mädchen zu.

»Du verkaufst die Wolle, dafür bekommst du eine Menge Gerste«, sagte das Mädchen. »Und dann kannst du etwas von dem Getreide gegen ein wenig Tuch tauschen.«

»Ho!«, rief Tobgyal. «Was bist du für ein schlaues Mädchen!«

Genau so geschah es. Tobgyal kehrte mit den hundert Schafen, die hundert mit Gerste gefüllte Säcke trugen, nach Hause zurück und erzählte dem Vater stolz, wie es dazu gekommen war.

»Na gut«, sagte der Kaufmann. Er war zwar nicht begeistert, dass alle Schafe geschoren waren, doch die Schur war bezahlt und der Gewinn gemacht.

»Geh zurück«, sagte er, »und nimm das Mädchen zur Frau. Du bist nun mal dumm, aber dann hast du wenigstens eine kluge Frau an deiner Seite.«

Tobgyal machte sich recht vergnügt auf den Weg, denn das Mädchen gefiel ihm und sein Vater würde zufrieden mit ihm sein. Doch als er vor die Eltern des Mädchens trat und um die Tochter bat, fuhr die Mutter ihn an: »Was glaubst du denn, wer wir sind? Wir geben unsere Tochter doch nicht so einem hergelaufenen Kerl!«

»Aber mein Vater ist ein reicher Kaufmann«, sagte Tobgyal.

»Das kann jeder sagen«, erklärte der Vater. »Zeig doch mal her, wo sind deine Brautgeschenke?«

Tobgyal musste zugeben, dass sein Vater ihm keine Brautgeschenke mitgegeben hatte. Die Eltern sahen ihren Verdacht bestätigt.

»Er hatte doch hundert Schafe mit hundert Säcken«, sagte das Mädchen, »da muss sein Vater doch reich sein.«

»Die hat er gestohlen, so, wie er aussieht«, sagte die Mutter. »Jetzt wird er erst mal eingesperrt, bis deine Brüder zurückkommen.«

Tobgyals Proteste nützten nichts, er wurde in eine Kammer neben dem Stall gesperrt.

Das Mädchen aber dachte, dass der junge Verehrer recht nett aussah und auf jeden Fall zu dumm war, um zu lügen. Gewiss war sein Vater tatsächlich ein reicher Kaufmann, und zudem würde er immer tun, was sie sagte. Darauf schien es bei einem guten Ehemann anzukommen, nach allem, was man von den anderen Frauen so hörte.

In der Nacht raffte sie einigen Proviant zusammen und befreite Tobgyal aus seinem Gefängnis. Auf dem einzigen Pferd, das die Brüder im Stall zurückgelassen hatten, ritten sie eilig davon.

Der Kaufmann war froh über die kluge Schwiegertochter, und ein großes Fest wurde zu Ehren des jungen Paares gefeiert. Da Tobgyal nun eine Frau hatte, besprach er sich während des Festes mit seinem Freund, dem Narren. Er kannte niemanden, den er sonst hätte fragen können, denn der Narr war der Einzige, der sich nicht über ihn lustig machte, wenn er etwas nicht wusste.

»Was mach ich jetzt mit ihr?«, fragte er. »Man macht doch was mit der Frau. Das Vater-Mutter-Spiel?«

»Ui ja, du Dummling, natürlich macht man das mit ihr«, kicherte der Narr.

»Aber was macht man denn da?«, fragte Tobgyal.

»Ui, du nimmst das Ding, das keine Knochen hat, und dann nix wie unten rein damit«, sagte der Narr und hüpfte kichernd herum, meckerte wie eine Ziege, zappelte mit den Hüften und streckte weit die Zunge heraus.

Aha, die Zunge, dachte Tobgyal, stimmt, die hat keinen Knochen. Einigermaßen zuversichtlich legte er sich am Abend zu dem Mädchen, das jetzt seine Frau war, und wiederholte für sich die Worte des Narren: »Und nix wie unten rein damit.« Er suchte und fand und steckte seine Zunge rein. Seine Frau stöhnte, als habe sie Schmerzen, sagte aber zugleich »Ja, ja!«, und er dachte, es wäre immer gut, das zu tun, was sie sagte. Nach einer Weile hörte sie auf zu stöhnen und schien sehr zufrieden, und Tobgyal war glücklich, dass er alles richtig gemacht hatte.

Bald darauf kam er mit seiner Frau an der Pferdekoppel vorbei und sah, wie ein Pferd ein anderes bestieg. Die Frau lachte.

»Was machen die denn da?«, fragte er.

»Na, das Vater-Mutter-Spiel natürlich«, sagte sie.

Oh, das ist also das Vater-Mutter-Spiel, dachte Tobgyal und versuchte es gleich in der nächsten Nacht damit. Diese Form des Spiels gefiel ihm noch viel mehr und er wollte gar nicht mehr aufhören. Da es auch seiner Frau sehr gut gefiel, hatte er auf diese Weise bald für eine Schar Kinder gesorgt. Sein Vater war zufrieden, auch die Pferde und Schafe vermehrten sich und sie hatten ein glückliches Leben.

Der falsche Lama und der Zimmermann

Vor sehr langer Zeit lebte einmal ein König in einem Land am Rand des Schneelands, der einen Lama als Berater hatte, wie es sich für einen König gehörte. Der König wusste jedoch nicht, dass dieser Lama, der behauptete, sehr gelehrt zu sein, gar kein Lama war. Er war von weit her gekommen, angeblich auf Pilgerschaft, und er schien die Gastfreundschaft des Königs so angenehm zu finden, dass er keine Eile hatte weiterzuziehen. Der König bedachte, dass auch er einen Lama in seiner Burg haben solle wie andere Könige, und so hatte er ihn behalten, zumal der angebliche Lama auch ein bisschen zaubern konnte, und das war sehr praktisch.

Der falsche Lama verstand es, die unwissenden Menschen zu Geschenken zu überreden, indem er versprach, für ihr Glück zu beten und Rituale zu zelebrieren. Wenn das Glück dann doch nicht eintrat und die Leute sich beschwerten, verwies der Lama auf ihr schlechtes Karma aus früheren Leben und erklärte schlau, ohne seine Rituale und Gebete würde es ihnen noch viel schlechter gehen.

Damit versuchte er es auch bei einem Zimmermann, der für ihn arbeiten sollte, denn der falsche Lama fand, dass sein Status nach einem eigenen Haus verlangte.

»Bau mir ein schönes Haus«, sagte er zu dem Zimmermann. »Dafür werde ich für dein Glück geheime Rituale zelebrieren und beten, dann wird dein Reichtum zunehmen und du wirst ein sehr gutes Leben haben.«

»Deine Rituale und Gebete kannst du behalten«, sagte der Zimmermann ärgerlich. »Ich verstehe mein Handwerk und hab eine gute Frau und gesunde Kinder, das ist mein Glück. Mehr brauch ich nicht. Glaub nicht, dass ich nicht wüsste, wie du den Leuten Geschenke und Gefälligkeiten aus der Tasche ziehst, alter Gierkropf.« Der Zimmermann sah keinen Grund, nicht zu sagen, was er dachte.

Wie man sich vorstellen kann, war der falsche Lama sehr wütend. Nicht nur, dass seine bewährte Methode diesmal keinen Erfolg hatte, sondern, und das wog noch viel schwerer, dieser ungehobelte Zimmermann hatte ihn, den geachteten Berater des Königs, auf unverzeihliche Weise beschimpft. Das verlangte nach Rache.

Nach einigem Brüten kam ihm eine Idee. Er trat vor den König, dessen alter Vater vor einiger Zeit gestorben war, und sagte: »Zuhöchst verehrter Gyalpo, wie Ihr wisst, bin ich fähig, in der Meditation die Zwischenwelt zu besuchen. Dort begegnete ich Eurem zuhöchst verehrten Vater.«

»Oh, sprich, wie geht es ihm?«, rief der König, der seinen Vater in hohen Ehren hielt. »Wird er wohl bald wiedergeboren?«

»Nun, er hat ein Problem«, sagte der Lama, »aber vielleicht könnt Ihr ihm helfen. Er war ja ein großer Held und hat alle seine Feinde besiegt.«

»Ja, ja«, fiel der König ein, »er war ein ganz großartiger Kämpfer.«

Der Lama fuhr fort: »Und er kämpft immer noch, aber das wird ihm zu viel. Er sagt, er will nicht mehr kämpfen. Früher hat er ja nicht viel gebetet, aber jetzt würde er es schon gern tun, dazu fehlt ihm jedoch ein Tempel. Es wäre gut, wenn er einen Tempel bekommen könnte.«

Der König wiegte traurig den Kopf. »Wie gern würde ich meinem zuhöchst verehrten Vater einen Tempel bauen lassen. Aber wie soll man das anstellen?«

»Wir haben doch einen sehr fähigen Zimmermann, den könnten wir ihm schicken«, sagte der schlaue Lama.

Der König wandte ein, dass das ja gut und schön sei, aber

der Zimmermann habe keine religiöse Schulung genossen und sei gewiss nicht fähig, in die Zwischenwelt zu gehen.

Der Lama neigte sich vor und flüsterte: »Zuhöchst verehrter Gyalpo, ich wüsste schon eine Möglichkeit. Es ist der größte Zauber, den ich kenne.«

Er erklärte genau, wie man eine kleine Holzhütte bauen, den Zimmermann dort hineinsetzen und dann noch reichlich Holz darumschichten solle. Dann würde man das Ganze anzünden, und der Zimmermann könne auf dem Pferd des Rauches in die Zwischenwelt reiten und dem alten König einen Tempel bauen.

Der König war wieder einmal sehr zufrieden mit seinem zauberkundigen Lama. Er ließ den Zimmermann kommen und erklärte ihm, was für eine verdienstvolle Aufgabe ihm zugewiesen wurde. Der Zimmermann erschrak ganz fürchterlich, wie man sich denken kann. Jetzt bereute er doch sehr, dass er den Lama beschimpft hatte, denn was wog schon das kleine Vergnügen der Beschimpfung gegen die große Rache, die der Lama an ihm nehmen wollte. Jammern hätte er sollen und herumzögern, wie die Bauern und Nomaden es taten, die der Lama zu erpressen versuchte.

Aber glücklicherweise hatte der Zimmermann eine Frau, die noch schlauer war als der falsche Lama.

»Du reitest nicht oben raus in die Zwischenwelt«, sagte sie nachdrücklich. »Du krabbelst unten raus und kommst schnellstens nach Hause.«

In der Nacht gruben sie von seinem Haus einen unterirdischen Gang zu der Hütte, mit deren Bau der Zimmermann bereits hatte beginnen müssen. Als er dann in die Hütte gesperrt und das Feuer entzündet wurde, kroch er schnell durch den Gang hinaus und schlich in sein Haus. Währenddessen sahen der König, sein Lama und alle Leute, die sich zu dem außerordentlichen Zauber zusammengefunden hatten, wie die Flammen himmelhoch schlugen und dicker Rauch aufstieg.

»Zuhöchst verehrter Gyalpo, seht, dort im Rauch ist er, der Zimmermann!«, rief der Lama. Der König nickte heftig, denn er glaubte gern an die Zauberkräfte seines Lamas, die zu seinem Ruhm beitrugen. Die Leute nickten ebenfalls, auch wenn sie nichts anderes sahen als ganz gewöhnlichen Rauch, denn es war grundsätzlich besser, dem König und dem Lama beizustimmen.

Der Zimmermann jedoch versteckte sich neunundvierzig Tage lang in seinem Haus, während seine Frau öffentlich beteuerte, sie glaube auf jeden Fall an seine Rückkehr. Der Wohlstand des Lamas wuchs beträchtlich, denn nun wagte es niemand mehr, ihm irgendetwas abzuschlagen.

Am fünfzigsten Tag schlich der Zimmermann vor Morgengrauen aus seinem Haus und trat nach Sonnenaufgang vor den überraschten König.

»Zuhöchst verehrter Gyalpo, ich überbringe Euch die Grüße Eures höchst verehrten Vaters«, sagte der Zimmermann. »Er lässt Euch seinen tiefen Dank für den wunderbaren Tempel aussprechen, den ich für ihn gebaut habe. Nur eines fehlt ihm noch. In dem Tempel gibt es keinen Lama, und den würde er doch dringend brauchen für die Rituale und Gebete. Er bittet Euch um Euren Lama, der im Ruf steht, ganz besonders gelehrt und fähig zu sein. Ich soll ausrichten, Ihr möget bedenken, dass auf diese Weise auch für eine gute Wiedergeburt Eures höchst verehrten Vaters gesorgt werden könnte.«

Der König nickte wohlwollend und beauftragte einen Diener, kostbare Geschenke für den Zimmermann herbeizubringen.

»Du hast mir einen großen Dienst erwiesen«, sagte er zufrieden. Dann wandte er sich an den Lama und erklärte, dieser möge die Bitte des verstorbenen Vaters erfüllen. Der Lama wich erschrocken zurück. Mit diesem Ausgang seiner List hatte er natürlich nicht gerechnet.

»Ja«, sagte er, »das mache ich gewiss gern, aber ich weiß nicht, ob ich es diesmal mit meiner Meditation schaffen werde, in die Zwischenwelt zu kommen. Das ist sehr schwierig.«

»Aber das ist doch gar nicht nötig!«, rief der Zimmermann frohgemut. »Der Lama macht es einfach so wie ich.«

Diesen Rat befolgte der König augenblicklich, die Hütte wurde in Windeseile gebaut, und dem falschen Lama blieb nichts andres übrig, als sich verbrennen zu lassen.

»Schaut nur, da reitet der Lama auf dem Rauch zu meinem verehrten Vater!«, sagte der König, als Flammen und Rauch aus der Hütte quollen.

Die Leute nickten, obwohl sie nichts sahen. Der Zimmermann und seine Frau nickten ebenfalls eifrig und kehrten dann sehr zufrieden in ihr Haus zurück, denn der Zimmermann wollte sofort mit dem Bau des schönen, großen Hauses beginnen, das er sich nun dank der großzügigen Geschenke des Königs leisten konnte.

Der gestohlene Schatz

Es waren einmal zwei Nachbarn, die waren Freunde seit ihrer Kindheit. Der eine war groß, konnte sehr schnell und viel reden und war stolz auf seine Klugheit. Der andere hingegen, ein Mann von kleiner Statur, hatte ein gutmütiges, eher bescheidenes, zurückhaltendes Wesen. Ihre Familien waren nicht arm, sie kamen gut zurecht, aber die beiden jungen Männer dachten, sie müssten mehr aus ihrem Leben machen. Also schlug der Große vor, sie sollten in die Welt ziehen und sich als Händler versuchen. Der kleine Nachbar stimmte zu, und bald machten sie sich auf die Reise.

Die beiden erwiesen sich als recht erfolgreich. Der Große war raffiniert beim Handeln und ließ sich nicht übertölpeln. Dem Gutmütigen wiederum vertrauten die Leute und so machten die beiden zusammen gute Geschäfte.

Nach einiger Zeit hatten sie mit geschicktem Kaufen und Verkaufen einen netten, kleinen Reichtum angesammelt.

»Ich glaube, es reicht jetzt«, sagte der Kleine. »Ich bin mit meinem Anteil zufrieden.«

Sein Kamerad war weniger zufrieden, aber er musste wohl oder übel nachgeben.

»Eines sag ich dir«, erklärte er, »wenn alle unsere Verwandten erfahren, wie gut es uns erging, wird jeder etwas davon abhaben wollen. Dann bleibt nicht viel für uns übrig. Lieber nimmt jeder von uns nur einen kleinen Teil mit nach Hause und den Rest verstecken wir.«

Das sah der Kleine ein. Sie einigten sich auf einen hohlen Baum als Versteck für den beträchtlichen Rest. Der große Nachbar sagte, sie sollten immer zu zweit zu dem Versteck gehen, wenn sie etwas von dem Schatz holen wollten, damit alles gerecht zuging. Der Kleinere war auch damit einverstanden, denn er hatte es gern, wenn er nichts Wichtiges entscheiden musste.

Die Familien waren nicht sehr verwundert, dass die beiden Freunde nur kleine Geschenke verteilten. Von so unerfahrenen jungen Männern, sagten sie untereinander, konnte man ja keine großen Taten erwarten. Der kleine Nachbar freute sich, dass er sich keine Sorgen um die Zukunft machen musste und von Zeit zu Zeit diesem und jenem Familienmitglied ein wenig würde geben können. Mehr hatte er sich nicht gewünscht. Doch der andere Nachbar war gierig und dachte darüber nach, wie er sich des gesamten Restes bemächtigen könnte. Nach eifrigem Nachdenken weihte er seinen Vater ein, der nicht weniger gierig war als der Sohn.

»Pass auf«, sagte der Sohn, »ich habe eine gute Idee, aber du musst mir dabei helfen. Ich hole den Schatz aus dem Baum und verstecke ihn woanders. Ich werde sagen, jemand muss ihn gestohlen haben. Wenn der Nachbar dann sagt, ich sei es gewesen, werde ich vorschlagen, dass wir den Distriktvorsteher holen, und der soll den Baumgeist fragen, wer der Dieb war. Dann wirst du oben im Baum sitzen und sagen, dass es der Kleine war.«

Dabei wollte der Vater jedoch nicht mitmachen. »Und wenn nun wirklich ein Baumgeist in diesem Baum wohnt?«, sagte er. »Das ist mir zu gefährlich.«

Der Sohn erwiderte eindringlich: »Aber nein, ich kenne diesen Baum schon mein Leben lang. Er ist hohl, dadrin wohnt kein Baumgeist.«

Kurz darauf ging der große Nachbar zum kleinen und erklärte, sie müssten zu ihrem Schatz gehen, er brauche dringend ein wenig Gold und Silber, um Schafe zu kaufen. Der Kleine ging bereitwillig mit und dachte, er könne seinerseits ja ein weiteres Stückchen Land für seine Gerste kaufen, denn die reichte nur sehr knapp, wenn der Winter lang war.

Doch dann kam der große Schrecken. Der Baum war leer.

»Diebe!«, sagte der Große mit gespieltem Entsetzen. »Wie furchtbar! Unser Hab und Gut ist weg!«

Der Kleine war zutiefst erschrocken. All die Strapazen der Reise, all die Mühsal des Handelns – umsonst. »Aber es wusste doch niemand, wo wir unseren Schatz versteckt hatten«, sagte er erschüttert.

»Niemand wusste es außer dir«, sagte der Große. »Du musst es gewesen sein.«

Der Kleine rief alle guten Geister zu Zeugen an, dass er nicht der Dieb sei. »Du kennst mich doch!«, rief er. »Niemals würde ich so etwas tun.«

Der Große tat so, als denke er nach. Schließlich sagte er: »Lass uns nicht streiten. Ich glaube, es ist das Beste, wir holen den Distriktvorsteher und der soll den Baumgeist befragen. Der Baumgeist muss ja wissen, wer es war.«

Also wurde der Distriktvorsteher gerufen, der für Streitfälle zuständig war. Natürlich sprach sich das sofort herum, und viele Leute folgten ihm und den beiden Nachbarn zu dem hohlen Baum.

Der Distriktvorsteher kannte sich mit Baumgeistern nicht aus, aber da der größere der Nachbarn versicherte, in diesem großen, alten Baum wohne ganz gewiss ein Baumgeist, hatte er nichts einzuwenden.

»Baumgeist, sag, wer hat den Schatz gestohlen?«, rief der Distriktvorsteher in den Baum hinauf.

Oben im Baum raschelte es, alle schauten gespannt hinauf.

Da kam aus der Baumkrone eine heiser flüsternde Stimme: »Der Kleine war es. Der Kleine!«

Die Leute raunten und warfen dem kleinen Nachbarn

böse Blicke zu. Der Große unterdrückte ein Grinsen, nickte nur und sagte: »Gut, jetzt wissen wir Bescheid.«

Der kleine Nachbar, der gutmütig, aber nicht dumm war, hatte die Stimme des Vaters erkannt Er ließ seinen Zorn nicht sichtbar werden, sondern sagte in aller Ruhe: »Das ist ein Betrug. Man soll unter dem Baum Feuer machen, dann werden es alle sehen.«

»Was soll das?«, rief der Große empört. »Es ist doch alles gesagt.«

Aber sein Protest nützte nichts, der Distriktvorsteher sagte, man müsse auf beide Parteien hören. Er ließ Äste zusammentragen und ein Feuer entfachen. Bald stieg dicker Rauch in den Baum hinauf. Es dauerte nicht lange, da hörten alle ein heftiges Husten und Keuchen und die Stimme, nun gar nicht mehr flüsternd, schrie wütend: »Du Trottel von einem Sohn meinst immer, der Schlauste zu sein. Jetzt siehst du, was du davon hast.« Und mitsamt Ästen und Blättern purzelte der erboste Vater vom Baum herunter und direkt ins Feuer.

Der Distriktvorsteher verfügte, dass der große Nachbar den Schatz herausrücken und ihn zur Strafe für den Diebstahl, den Betrug und die Missachtung der Würde des Distriktvorstehers in vollem Umfang dem Kleinen übergeben müsste. Über den Vater des Großen wurde keine Strafe verhängt, womit alle einverstanden waren, denn sein Hinterteil war angebrannt und das war Strafe genug.

Der kleine Nachbar, den alle nun den Schlausten nannten, konnte darüber nicht recht froh werden. Vielmehr war er traurig, dass er einen Freund verloren hatte.

Tiergeschichten

Tiergeschichten in der Art der Fabeln, in denen Tiere menschliche Eigenschaften verkörpern, gibt es in vielen Kulturen. Gemeinhin geht es um eine »Moral von der Geschichte«, wie etwa in den berühmten Fabeln des Äsop. Fabeln sind natürlich auch im tibetischen Geschichtenschatz zu finden. Berühmt ist eine schriftlich festgehaltene Geschichtensammlung mit dem Titel »Die Geschichten vom Spatz«. In diesen allegorischen Geschichten spielen nicht nur Vögel, sondern auch andere Tiere wie Affen, Füchse oder auch Ameisen und Bienen die Hauptrolle. Viele derartige Geschichten wurden aus Indien übernommen, die Tiere jedoch weitgehend der tibetischen Tierwelt angepasst.

Unter den Tierakteuren in tibetischen Märchen sind vor allem der Hundebräutigam und die Hundebraut sehr beliebt. Sie zeigen manche Entsprechungen zu europäischen Märchen, die in der psychoanalytischen Deutung als eigene Kategorie der Tierbräutigam- und Tierbraut-Geschichten zusammengefasst werden.

Hunde waren in der tibetischen Nomadengesellschaft von großer Bedeutung. Die riesigen Mastiffs bewachten und verteidigten Mensch und Vieh, und das Reisen im Nomadenland war weniger wegen der wilden Tiere gefährlich als wegen der allzu wehrhaften Hunde. Aber Hunde waren auch die Spielgefährten der Kinder und gehörten einfach zum Leben dazu. Die Tibeter sind ein raues Bergvolk, aber zugleich zu viel Mitgefühl fähig. Die Tiere in ihrem Leben waren Nutztiere, wurden aber auch als fühlende Wesen wahrgenommen und gewürdigt. So war der Schritt zum Hund als märchenhaftem Partner nicht weit.

Diese Märchenmotive treten in diversen mehr oder minder ähnlichen Versionen auf, und es mochte für die Zuhörer sehr vergnüglich gewesen sein, in einer neuen Geschichte, die ein Geschichtenerzähler mitbrachte, manches Bekannte wiederzuentdecken – ähnlich, aber eben doch ein bisschen anders.

Der Tiger und der Hase

Es war einmal ein junger Tiger, der im Hochdschungel der Berge ein Revier suchte. Als seine Mutter ihn in die Welt schickte, hatte sie ihn gewarnt, er solle darauf achten, nicht ins Revier der Menschen zu kommen.

»Wir Tiger sind stärker als alle anderen Tiere in der Wildnis«, hatte sie gesagt. »Aber es gibt ein Tier, das mächtiger und schlauer ist als wir, obwohl es kleiner ist und weniger Muskeln hat. Dieses Tier heißt Mensch. Bleib also in den Bergen und gehe nicht hinunter, wo die Menschen wohnen.«

Der junge Tiger streifte umher und machte gute Beute unter den Wildziegen, bis ein großer, ausgewachsener Tiger ihn entdeckte und davonjagte. Der junge Tiger schaute sich also nach einem eigenen Revier um, das er für sich allein beanspruchen konnte, und geriet so in eine unbekannte Gegend, weit weg von der elterlichen Höhle. Da traf er eines Tages einen alten Esel, ein armseliges Tier, nur Haut und Knochen, der weder nach einer guten Beute aussah noch nach dem, was seine Mutter ihm als Mensch beschrieben hatte.

»Wo bin ich denn, was ist das für eine Gegend?«, fragte der Tiger. »Hier war ich noch nie. Du bist wohl nicht etwa so ein Tier, das man Mensch nennt? Das möchte ich nämlich gern kennenlernen.«

Der Esel lachte bitter. »Ich bin nur ein alter Esel, und vor dem Menschen lass dich warnen. Früher, solange ich jung und kräftig war, habe ich Lasten für ihn geschleppt und wurde geschlagen, wenn ich nicht alles so machte, wie er es wollte. Und jetzt schau mich an. Als ich alt und lahm wurde, hat er sich nicht mehr um mich gekümmert, sondern mich in die Wildnis geschickt. Lange werde ich das nicht überleben. Rede mir nicht von Menschen. Anständig sind die nicht.«

Nun ja, dachte der junge Tiger, wenn man so dumm ist und sich ausnützen lässt, ist man doch selbst schuld.

Einige Zeit später begegnete er einem alten Dri. Dieses große, zottige Rind, das sich langsam dahinschleppte, sah nicht so aus, wie er sich das Tier namens Mensch vorstellte.

»Du bist wohl kein Mensch«, sagte er.

»Von Menschen will ich nichts hören«, sagte das alte Dri. »Zuerst tun sie so, als wäre man viel wert, aber dann nehmen sie einem die Kinder weg und man wird ständig ausgenützt. Lass dich bloß nicht mit denen ein, gegen die kommst du nicht an.«

Lange Zeit streifte der junge Tiger umher, ohne auf ein Tier zu treffen, das im Geringsten der Beschreibung eines Menschen entsprach. Sein neues Revier gefiel ihm, er riss Wildschweine und Rehe und war recht zufrieden. Aber er hätte zu gern doch mal einen der angeblich so überlegenen Menschen getroffen und sich mit ihm gemessen.

Eines Tages hörte er bei seinem Streifzug ein Geräusch, das er zunächst für das Pochen eines Spechts hielt. Doch im Näherkommen wurde es immer lauter. Jung und unerfahren, wie er war, packte ihn augenblicklich die Neugier. Er schlich durch das Unterholz und entdeckte einen Holzfäller, der mit seinem Beil bereits eine kräftige Kerbe in einen Baumstamm geschlagen hatte. Ob das wohl ein Mensch war? Auf jeden Fall war er nicht groß, gar nicht zu vergleichen mit einem Yak, und seine Muskeln waren nicht beeindruckend.

Forsch trat der junge Tiger aus der Deckung.

»He, bist du das Tier, das man Mensch nennt?«, fragte er.

Der Holzfäller lachte. »Ja, was haben wir denn da für

einen Dummling? Hat noch nie einen Menschen gesehen! Und was willst du von dem Tier, das man Mensch nennt?«

»Ihn besiegen und fressen«, sagte der Tiger.

Der Holzfäller lachte noch lauter. »Hat dir denn niemand gesagt, dass Menschen viel schlauer sind als Tiger? Ich glaube, du hast noch viel zu lernen. Aber weil du so jung und unwissend bist, habe ich Mitleid mit dir und werde dir einiges beibringen.«

Dieses Angebot nahm der Tiger gern an. Der Holzfäller führte ihn zu seiner Hütte an einem munter sprudelnden Bach. Es war eine gute, stabile Hütte, aus starken Bohlen gezimmert.

»Schau, so etwas können Menschen bauen«, sagte der Mann stolz. »Das ist ein Haus. Es schützt mich vor Regen, Schnee und Kälte.« Er ging hinein, verschloss die Tür mit einem Balken und fügte kichernd hinzu: »Und vor Tigern.«

Der Tiger war wütend. So ein kleiner Mensch mit armseligen Muskeln nannte ein so großes Haus sein Eigen, viel größer und schöner als die Höhle, in der er mit seinen Geschwistern aufgewachsen war. Das war einfach nicht in Ordnung. Schließlich war er, der Tiger, der Herr der Wildnis. Kurz, er wollte das Haus haben, und zwar sofort.

»Komm raus!«, rief er selbstbewusst. »Ich bin der Herr der Wildnis. Du kannst ja sehen, dass ich viel stärker bin als du. Gib mir das Haus.«

Der Holzfäller war sich im Klaren darüber, dass er früher oder später seine Hütte würde verlassen müssen. Es war nicht gut, wenn dann draußen ein Tiger auf ihn wartete.

»Wenn du meinst«, sagte er kurz entschlossen, »dann sollst du es eben haben.«

Er trat heraus und hielt einladend die Tür auf. Der Tiger sprang ins Haus, zufrieden, dass er so mühelos gesiegt hatte. Geschwind schlug der Holzfäller die Tür zu und legte den Außenriegel vor.

»Viel Vergnügen im Haus«, sagte er, schulterte sein Beil und ging gemächlich zurück in den Wald.

Der Tiger, nichts ahnend, machte es sich gemütlich, streckte sich auf den weichen Schaffellen aus und schlief. Irgendwann wachte er auf, den angenehmen Geruch nach Schaf in der Nase. Er stellte fest, dass er hungrig war, und wollte auf die Jagd gehen. Aber die Tür war verschlossen. Wütend warf er sich mit seinem ganzen Gewicht dagegen, kratzte mit seinen großen, scharfen Krallen, doch gegen die feste, gut gezimmerte Tür konnte er nichts ausrichten. Immer wieder versuchte er auszubrechen, aber schließlich gab er erschöpft auf.

Er wusste nicht, wie oft es Tag und Nacht gewesen war, als er durch das kleine Fenster, durch das er nicht einmal seinen Kopf stecken konnte, eine Bisamratte sah, die zum Bach kam, um zu trinken.

»He, du!«, rief er, ganz schwach vor Hunger. »Mach doch bitte diese Tür auf und lass mich raus.«

Die Bisamratte sah den Tigerkopf im Fenster und schrak zurück.

»Das kannst du von mir nicht verlangen«, sagte sie. »Du willst mich ja nur auffressen. Das weiß man von solchen wie dir.«

»Nein, nein, gewiss nicht«, erwiderte der Tiger. »Ich verspreche dir, ich tu dir nichts. Ehrlich.«

Die Stimme des Tigers klang so zahm, dass die Bisamratte ihm glaubte, und es gelang ihr, den Riegel zu öffnen. Aber kaum war der Tiger in Freiheit, stürzte er sich mit aufgerissenem Maul auf seinen Retter.

»Du hast versprochen, mir nichts zu tun«, schrie die Ratte auf. »Du hast es ehrlich versprochen.«

»Ja, schon«, sagte der Tiger irritiert, »aber ich habe doch riesigen Hunger. Und wenn man Hunger hat, muss man fressen.«

»Das geht so nicht«, sagte die Ratte. »Du hast es versprochen. ›Ehrlich‹ hast du gesagt, oder etwa nicht? Ich habe dich für ehrlich und anständig gehalten. Wo kommen wir denn hin, wenn man sich nicht mehr auf Ehrlichkeit verlassen kann?«

»Unsinn«, knurrte der Tiger. »Das sagt man eben so. In Wirklichkeit gibt es das doch gar nicht. Schon gar nicht, wenn man hungrig ist.«

Die Bisamratte nahm all ihre Klugheit zusammen und erwiderte: »So? Und ich behaupte, andere halten sich daran. Lass uns das erste Wesen, das uns begegnet, fragen, ob es Ehrlichkeit in der Welt gibt oder nicht.«

Nicht lange, da begegnete ihnen ein Hase.

»Bitte, Hase«, sagte die Bisamratte aufgeregt, »wir brauchen deine Hilfe. Der Tiger und ich haben einen Streit über Ehrlichkeit, denn der Tiger will mich fressen, obwohl er versprochen hat, es nicht zu tun. ›Ehrlich‹ hat er gesagt. Ich habe ihn für anständig gehalten und die Türe aufgemacht, aber jetzt sagt er, dass es Ehrlichkeit gar nicht gibt, dass man das nur so sagt, und will mich fressen.«

Der Hase hatte Angst um sein eigenes Fell und sah wenig Sinn darin, sich auf eine Diskussion einzulassen. Dem Tiger tropfte schon der Speichel aus dem Maul. Eine Bisamratte war klein, da war der Hase eine willkommene Zugabe.

»Ich glaube, ich verstehe das alles nicht ganz«, sagte der Hase und wandte sich an die Bisamratte. »Welche Tür? Wer war eingeschlossen? Du?«

»Nein, nicht die Ratte«, warf der Tiger ungeduldig ein. »Ich war im Haus und konnte nicht raus.«

Der Hase wiegte den Kopf. »Die Ratte hat dich also eingeschlossen?«

»Nein, der Holzfäller«, knurrte der Tiger. »Die dumme Ratte bringt alles durcheinander.« Und er berichtete noch einmal von seiner Begegnung mit dem Holzfäller.

»Das ist alles sehr kompliziert«, sagte der Hase und bewegte nachdenklich seine Ohren. »Ich schlage vor, wir gehen zu dem Haus, dann könnt ihr mir das alles genau zeigen. Es ist eine schwerwiegende Frage und ich möchte sie nach bestem Vermögen beantworten.«

Also gingen alle drei zu der Hütte des Holzfällers.

Mit gewichtiger Miene fragte der Hase die Bisamratte: »Also, wenn ich das recht verstehe, hast du den Tiger rufen gehört. Wo genau warst du?«

»Am Bach«, sagte die Ratte. »Ich bin ja hergekommen, um zu trinken.«

»Gut«, sagte der Hase, »dann geh an die Stelle, wo du warst. Und wo warst du?«, fragte er den Tiger.

»Im Haus natürlich«, antwortete der Tiger. Man konnte ihm ansehen, dass seine Geduld bald am Ende war.

»Dann geh du ins Haus«, sagte der Hase, »damit ich die Geschichte auch richtig verstehe.«

Der Tiger ging in die Hütte.

»Aha«, sagte der Hase, schloss die Tür und legte den Riegel vor. »So warst du also eingeschlossen?«

»Ja«, knurrte der Tiger hinter der Tür.

»Dann ist ja jetzt alles klar«, rief der Hase und hoppelte davon. Auch die Bisamratte suchte das Weite. Noch lange hörte sie das Poltern und Wutgeschrei des gefangenen Tigers.

Als der Holzfäller nach einiger Zeit wieder zu seiner Hütte kam, fand er darin, wie er es erwartet hatte, einen toten Tiger. Er zog ihm das Fell ab und machte ein gutes Geschäft damit.

Das Leck

Es war einmal ein junger Tiger, der noch recht unerfahren in seinem Tigerleben war und sich nach einem Revier umsah. Er streunte eines späten Abends hungrig durch den Wald, und plötzlich stieg ihm der Geruch eines Esels in die Nase. Dieser köstliche Geruch führte ihn zu einem kleinen Haus, in dem ein altes Paar hauste, arme Leute, die vom Holzsammeln lebten und deren kostbarster Besitz ein störrischer kleiner Esel war. Als der Tiger um das Haus schlich, hörte er, wie der Mann zu seiner Frau sagte: »Morgen bringe ich das Holz runter ins Dorf. Du musst gut aufpassen und die Tür immer verschlossen lassen. Hier in der Gegend treibt sich ein Tiger herum.«

Die Frau sagte nachdrücklich: »Ach, was soll's, ein Tiger! Ich fürchte mich nicht vor einem Tiger. Wenn ich wirklich etwas fürchte, ist es ein Leck.«

Sie hatte die Stimme erhoben, um ihrem Mann damit deutlich zu machen, dass er sich nicht genügend darum gekümmert hatte, das Dach zu befestigen, obwohl sie es ihm schon mehrmals gesagt hatte. Nichts war ihr mehr zuwider, als wenn das Dach ein Leck hatte und alles nass wurde.

Der junge Tiger fragte sich, was wohl ein Leck sei, vor dem sich die Frau so sehr fürchtete, dass ihre Stimme ganz wild geworden war. Es musste etwas sehr, sehr Gefährliches sein. Seine Mutter hatte ihn nie vor einem Leck gewarnt. Oder hatte er vielleicht nicht gut genug zugehört? Wieder einmal seufzte er, weil es so schwierig war, das Leben zu lernen. Nicht nur vor mächtigen erwachsenen Tigern musste man sich vorsehen, sondern auch noch vor gefährlichen Lecks!

Aber da war dieser köstliche Geruch des Esels, und der

Tiger schnupperte eifrig an den Wänden, um einen Zugang zum Stall zu finden. Plötzlich krachte es laut und etwas Schweres landete auf seinem Rücken. Der Tiger erschrak fürchterlich und rannte blindlings auf und davon. Das Ding, das sich auf seinem Rücken festkrallte und sich nicht abschütteln ließ, war gewiss das schreckliche Leck, von dem die Frau gesprochen hatte. In Wirklichkeit jedoch war es ein Räuber, der vom Dach gefallen und auf dem Tiger gelandet war. Der Räuber glaubte, er sei auf den Esel gefallen, den er hatte stehlen wollen. Obwohl er ein sehr dummer Räuber war, erkannte er doch schnell und mit großem Entsetzen, dass er nicht auf einem Esel, sondern auf einem Tiger ritt.

Der Tiger rannte, so schnell er konnte, um das bedrohliche Ding auf seinem Rücken loszuwerden. Je schneller er rannte, desto heftiger krallte sich der Räuber fest, und je mehr der Räuber sich festkrallte, desto panischer wurde der Tiger.

Als der Mond aufging, war der Tiger fast am Ende seiner Kräfte. Dem Räuber ging es nicht besser. Seine verkrampften Hände drohten sich zu lösen, und obwohl er sich für sehr schlau hielt, fiel ihm nichts ein, was ihn hätte retten können.

Der Tiger wurde langsamer, und dem Räuber kam der Gedanke, nach einem der Äste zu greifen, unter denen sie hinwegsausten. Tatsächlich gelang es ihm, einen Ast zu erwischen und sich auf den Baum zu schwingen. Atemlos kletterte er hoch hinauf, wo er zwischen Zweigen und Blättern einigermaßen verborgen war.

Der Tiger, plötzlich von seiner Last befreit, hielt an und schaute sich um. Das grausige Leck sah er nicht, aber es musste wohl dort oben im Baum sitzen. Sollte er einfach weiterrennen? Er wusste, weit würde er in seinem erschöpften Zustand nicht kommen. Und dann würde ihn das Leck einholen, das sich ja die ganze Zeit auf seinem Rücken hatte ausruhen können. Oh, es war eine entsetzliche Zwickmühle.

Denk in Ruhe nach, sagte er sich, wie seine Mutter es ihn gelehrt hatte. Bevor man nicht weiß, was wirklich los ist, kann man nicht handeln, hatte sie gesagt.

Der junge Tiger dachte nach. Das Leck wollte offenbar nicht vom Baum herunterkommen, um über ihn herzufallen, sonst wäre das ja bereits geschehen. Also blieb der Tiger stehen, wo er war, wenn auch bereit, jeden Augenblick loszurennen. Er musste wissen, was los war. Er musste das Leck sehen.

Er näherte sich sehr vorsichtig dem Baum, auf dem das Leck saß, aber natürlich nicht so nahe, dass das Ungeheuer sich wieder auf ihn stürzen könnte. Da entdeckte er einen Affen, der von einem sicheren Sitz im Geäst den Tiger beäugte.

»He, Affe«, sagte der Tiger, »siehst du da drüben auf dem Baum was sitzen?«

»Was soll dort sitzen?«, fragte der Affe. Er ließ sich nicht gern auf ein Gespräch mit einem Tiger ein.

»Ein gefährliches Leck«, sagte der Tiger. »Aber ich weiß nicht genau, was ein Leck ist. Schau doch mal nach.«

»Schau doch selber nach«, sagte der Affe.

»Ich kann nicht klettern wie du«, sagte der Tiger. »Es sitzt da oben im Baum. Es ist ja auch nicht gut für dich, wenn sich ein gefährliches Leck hier in den Bäumen herumtreibt.«

Das sah der Affe ein und er hatte eine Idee.

»Ich könnte ja mal nachschauen«, sagte er. »Aber wenn das Leck mich entdeckt, muss ich ganz schnell wegkönnen von hier. Du bist viel schneller als ich. Also machen wir es so: Du bindest eine Liane an deinen Schwanz und ich halte das andere Ende fest. Falls das Leck auf mich losgeht, rennst du los und ziehst mich mit.«

Der Tiger war einverstanden und band das Ende der Liane, die der Affe von seinem Ast baumeln ließ, an seinen Schwanz. Das andere Ende wickelte der Affe um seine Hand und kletterte auf einen großen Ast, der zu dem anderen Baum hinüberreichte. Plötzlich gab es ein lautes Knacken und einen gellenden Schrei. Affe und Tiger erschraken beide bis in die Knochen und der Tiger rannte los. Sie konnten ja nicht wissen, dass der Räuber angesichts der Unruhe in den unteren Bereichen des Baums noch höher geklettert war, abrutschte und schreiend durch das Geäst zu Boden gefallen war, wo er hart landete und sich das Genick brach.

Aber da war der Tiger schon weit weg. Als er endlich außer Atem anhielt und die Liane von seinem Schwanz losknüpfte, stellte er fest, dass der Affe immer noch am anderen Ende hing. Denn die Liane hatte sich an dessen Handgelenk verfangen und ihn mitgezerrt, was er leider nicht überlebte.

Nun weiß ich immer noch nicht, was ein Leck ist, dachte der Tiger und verspeiste den Affen. Aber jedenfalls hat es mir zu einer guten Mahlzeit verholfen, was auch immer es sein mag.

In der Gegend des Lecks ließ er sich jedoch nie mehr blicken.

Der Froschbräutigam

Es lebte einmal eine alte Frau in einer armseligen Hütte am Waldrand. Ihr Mann und ihre Söhne waren sehr mäßig erfolgreiche Räuber gewesen und vor langer Zeit von den Häschern des Königs eingefangen und geköpft worden. Und bei der ferneren Verwandtschaft war sie, als Räuberbraut nie besonders geachtet, längst in Vergessenheit geraten. Schlecht und recht lebte sie von der Milch ihrer Ziege, von Wildkräutern und Pilzen und von dem Holz, das sie aus dem Wald holte und im Dorf gegen ein wenig Tsampa oder Reis tauschte. Man kann sich vorstellen, was für ein einsames Leben das war.

Als sie wieder einmal beim Holzschlagen unterwegs war, geschah etwas Außergewöhnliches. Ein weißes Pferd kam auf sie zu, groß und stolz, nicht so ein struppiges Kerlchen wie die Pferde in ihrem Tal. Was für ein schönes Tier! Und kein Reiter weit und breit. Vielleicht hatte es seinen Besitzer abgeworfen, dachte die Frau. Dem feinen Zaumzeug nach musste er ein wohlhabender Mann sein, und wenn sie das Pferd einfinge, würde sie gewiss eine Belohnung bekommen.

Plötzlich riss eine Stimme sie aus diesen erfreulichen Erwägungen: »Mütterchen, willst du dein Holzbündel nicht von meinem Pferd tragen lassen? Das ist doch viel zu schwer für dich.«

Vergeblich schaute sie sich um. Da war niemand, nur Bäume und Sträucher. Wie erschrak sie, als ein Frosch mit einem gewaltigen Satz auf den Rücken des Pferdes sprang.

Ein Frosch! Kein reicher Händler oder gar ein Edelmann, nein, lediglich ein Frosch. Nun ja, von einem Leben, das einem nicht viel Gutes gebracht hatte, konnte man ja auch nicht viel mehr erhoffen.

»Pack schon auf!«, sagte der Frosch. Die Frau lud ihre Holzbündel auf und Pferd und Reiter begleiteten sie zu ihrem kleinen Häuschen.

Nachdem der Frosch festgestellt hatte, dass es im Heim der alten Frau kaum etwas zu essen gab, erklärte er, er wolle jagen gehen und am nächsten Tag zurückkommen. Wie will der Frosch jagen gehen, dachte die alte Frau verwundert, so ganz ohne Pfeil und Bogen?

Aber am nächsten Tag kam der Frosch mit einem Sack voller Wild auf dem schönen weißen Pferd zurück, und die alte Frau beeilte sich, die erlegten Fasane und Rebhühner ins Haus zu tragen, sie zu rupfen und in ihrem einzigen Topf zu kochen. Sie konnte sogar noch einen übrig gebliebenen Fasan und ein Rebhuhn ins Dorf bringen und gegen eine gut bemessene Menge Reis eintauschen.

Der Frosch blieb bei der alten Frau und es gab jeden Tag reichlich zu essen. Es war ein angenehmes Leben, denn mehr Holz, als zum Kochen gebraucht wurde, musste nun nicht mehr aus dem Wald geholt werden. Der Frosch bot sich an, auch beim Holzsammeln zu helfen, aber er kam mit leeren Händen aus dem Wald zurück und sagte: »Mütterchen, im Holzsammeln bin ich nicht so erfahren wie du. Aber ein bisschen was hab ich doch gefunden.«

Er gab ihr ein Bündel, das wie Äste und Zweige aussah, doch bei näherem Hinsehen erkannte die alte Frau, dass das vermeintliche Holz aus purem Silber bestand. Sie hielt sich nicht lange mit Staunen auf, sondern lief eilig ins Dorf zu einem reichen Händler und bot ihm einen Teil des Silbers an. Schnell einigten sie sich, dass der Händler ihr als Gegenleistung alles Baumaterial und die Männer beschaffen solle, um ein schönes, großes Haus zu bauen.

So geschah es. Anstelle der armseligen Hütte entstand ein stattliches Haus mit einem Stall unten und geräumigen

Wohnräumen oben, und mit dem Rest des Silbers erwarb die alte Frau einen guten Bestand an Tieren für Milch und Wolle. In diesem schönen Haus lebte sie nun mit dem Frosch und war sehr zufrieden.

Eines Tages erklärte der Frosch: »Mütterchen, jetzt hast du ein großes Haus, aber keinen Sohn. Du solltest mich an Sohnes statt annehmen.«

Die alte Frau dachte darüber nach. Große, starke Burschen waren ihre Söhne gewesen, ihr ganzer Stolz. Doch es hatte ihnen nichts genützt, so groß und stark zu sein. Warum also nicht den Frosch als Sohn annehmen? Mochten die Leute doch sagen, was sie wollten.

Nach einiger Zeit machte der Frosch einen weiteren Vorschlag: »Mütterchen, jetzt hast du ein Haus und einen Sohn, aber keine Schwiegertochter. Das sollten wir ändern. Ich werde mir eine Frau nehmen.«

Diesen Wunsch fand die alte Frau berechtigt. Sie hätte eine Schwiegertochter in der Küche und im Stall gut gebrauchen können, zumal sie ja in die Jahre kam. Aber wie sollte der Frosch eine Frau finden?

Er habe sich bereits umgesehen, verriet ihr der Frosch, und er wisse ganz genau, welches Mädchen er haben wolle. Die stolze Tochter des reichen Händlers habe er sich ausgesucht, die Schönste im ganzen Tal.

»Ausgerechnet die!«, rief die alte Frau entsetzt. »Du glaubst doch nicht, dass der reiche Händler seinem Fräulein Hochnäsig einen Frosch zum Mann geben wird, auch wenn unser schönes Haus so groß ist wie seines.«

Der Frosch aber sagte: »Du wirst schon sehen.«

Besorgt folgte die Frau dem Frosch, der auf seinem stattlichen weißen Pferd zum Anwesen des Händlers ritt, und versteckte sich hinter der Mauer, die das große Haus umgab. Denn sie war sicher, dass der Händler ihren angenommenen

Sohn abweisen und vielleicht sogar wüst beschimpfen würde. Da wollte sie doch da sein, um ihn zu trösten.

Der Frosch lenkte sein Pferd zur Außentreppe, die zu den Wohnräumen hinaufführte, und rief den Händler heraus.

»Seid gegrüßt, Euer höchst wohlhabende Ehren«, sagte er mit so viel Würde, wie ein Frosch auf einem Pferd aufbringen konnte. »Ich will Eure Tochter zur Frau haben.«

Der Händler beugte sich vor und lachte schallend. »Ein Frosch! Hat man so etwas schon gehört? Der Frosch will meine Tochter! Nun, Frosch, genug der Frechheit. Verschwinde, sonst jagen meine Diener dich davon.«

»Ich kann Eurer Tochter ein großes Haus und ein schönes Leben bieten«, erwiderte der Frosch, »das größte Haus und das angenehmste Leben weit und breit. Es ist mein Karma und ihr Karma, dass sie meine Frau wird.«

Der Händler lachte nicht mehr. »Das reicht jetzt«, schimpfte er. »Meine Tochter hat nie und nimmer mehr ein Karma mit einem Frosch. Und jetzt mach dich davon, meine Geduld ist zu Ende.«

Der Frosch blinzelte ein wenig und begann heftig zu weinen, dicke Tränen kullerten aus seinen großen Augen. Zugleich zogen sich schwere Wolken am Himmel zusammen, und schneller, als man die Finger an einer Hand zählen konnte, ließen sie eine so mächtige Sturzflut fallen, dass der reiche Händler fürchtete, sein Haus würde weggeschwemmt werden.

»Sagt Ja, dann höre ich auf zu weinen!«, schrie der Frosch.

»Ja doch, ja!«, rief der Händler, und schon hörte es auf zu regnen und die Wolken verzogen sich so geschwind, wie sie gekommen waren.

»Also los, gebt mir Eure Tochter!«, forderte der Frosch.

Natürlich hatte der Händler alles andere im Sinn, als

seine Tochter einem Frosch zur Frau zu geben. Aber er fürchtete sich vor den Zauberkräften des Frosches.

So eine gewichtige Entscheidung müsse er doch zuerst mit ihr besprechen, erklärte er mit einer heuchlerischen Verbeugung. Schließlich gehe es um ihr Lebensglück.

»Meinetwegen, aber morgen komme ich wieder«, sagte der Frosch, »und dann gebt Ihr sie mir.«

Die alte Frau fragte sich, was das für ein seltsamer Frosch war, den sie an Sohnes statt angenommen hatte. Aber sie hatte ihn in ihr Herz geschlossen, und so bemühte sie sich auf dem Heimweg, ihn von seinem Vorhaben abzubringen. Er aber hockte ungerührt auf seinem Pferd und schüttelte den Kopf.

Am nächsten Tag ritt der Frosch wieder zum Haus des Händlers, aber dieser bat wortreich für seine Tochter um weitere Bedenkzeit. Dabei warf er jedoch schnelle Blicke zum blauen Himmel hinauf und hielt voller Unruhe nach dunklen Wolken Ausschau.

Der Frosch blinzelte ein wenig, und anstatt zu weinen, begann er heftig zu lachen. Er lachte und lachte wie von Sinnen, und da wurde es plötzlich so unglaublich heiß, als wäre der Sonnenschein reines Feuer. Alles Grün verdorrte in wenigen Augenblicken.

»Sagt Ja, dann höre ich auf zu lachen«, schrie der Frosch, und der Händler rief: »Ja doch, ja!«

Sogleich wurde es wieder kühler. Bevor der Frosch seine Forderung wiederholen konnte, rief der Händler: »Schon gut, schon gut, meine Tochter muss sich nur erst mit dem Gedanken vertraut machen. Sie ist ja noch so jung. Lass ihr doch wenigstens Zeit bis morgen.«

»So jung ist sie nun auch wieder nicht«, murrte der Frosch, »und jünger wird sie erst recht nicht. Höchste Zeit, dass sie einen Mann bekommt.«

Am nächsten Tag erschien der Frosch auf seinem Pferd in aller Frühe vor dem Haus des Händlers, aber dieser ließ sich nicht blicken.

»Wollt Ihr wohl aus dem Haus kommen!«, schrie der Frosch, und seine quakende Stimme überschlug sich. »Ich bin da, um Eure Tochter zu holen. Jetzt! Sofort!«

Der Händler streckte den Kopf zur Tür heraus. »Sie will nicht«, sagte er mit schlecht gespielter Verzweiflung. »Da kann man nichts machen.«

»Das wollen wir doch sehen, ob man da nichts machen kann«, erwiderte der Frosch, zwinkerte ein wenig und begann heftig zu husten. Ein wilder Sturmwind erhob sich, riss die Gebetsfähnchen vom Haus und drohte den Händler, der sich verzweifelt am Türrahmen festklammerte, die Treppe hinunterzuschleudern.

»Sagt Ja, dann höre ich auf zu husten«, keuchte der Frosch.

Dem Händler blieb nichts anderes übrig, als »Ja, ja!« zu rufen.

Der Sturm legte sich und der Händler richtete sich ächzend auf. Nun verlegte er sich aufs Jammern und sagte: »Ich hab mit ihr geredet und sie zu überzeugen versucht. Aber sie will keinen Frosch haben. Das muss man doch verstehen. Du würdest gewiss keine Freude an ihr haben.«

Der Frosch richtete sich auf seinem weißen Pferd zu stolzer Froschgröße auf. »Das lasst mal meine Sorge sein, Händler. Ich gebe Euch eine letzte Frist. Morgen komme ich wieder und bis dahin habt Ihr sie überzeugt.«

Natürlich erschien der Frosch am nächsten Morgen wieder vor dem Haus des Händlers.

»Wo ist deine Tochter, Händler?«, rief er. »Die Frist ist endgültig um.«

Händeringend erschien der Händler in der Tür. »Sei nicht so grausam, Frosch. Sie will einfach nicht.«

Da sprang der Frosch mit einem großen Satz vom Pferd und stampfte mit seinen breiten Froschfüßen auf den Boden. Die Erde begann zu beben und buckelte wie ein junges Pferd, sodass das Haus des Händlers auseinanderzufallen drohte.

»Hör auf!«, schrie der Händler. »Ich geb sie dir, ich geb sie dir.«

Sofort war die Erde ruhig, als wäre nichts gewesen. Der Händler führte seine Tochter die Treppe hinunter, ein Maultier wurde mit ihren schönen Kleidern bepackt, und der Frosch hüpfte von seinem Pferd, damit seine junge Frau hinaufgehoben werden konnte. Zähneknirschend sah der Händler sie davonreiten. Er hatte ihr ein paar Steine mitgegeben, damit sollte sie den Frosch töten. Wäre sie nur ein Sohn, dachte er, dann würde sie gut zielen und dem Frosch schon mit dem ersten Wurf den Garaus machen können. Aber, nun ja, dann hätte es den Ärger mit dem Frosch ja gar nicht erst gegeben. Kein Wunder, dass jeder vernünftige Mann darum betet, Söhne zu bekommen und keine Töchter.

In ihrer schönsten Chuba mit einem breiten Rand aus Leopardenfell ausstaffiert und mit ihrem prächtigen Schmuck behängt, saß das Mädchen auf dem weißen Pferd, eine Freude für die Augen. Wie hatte sie von dem Tag geträumt, an dem sie in das Haus eines schönen, wohlhabenden jungen Mannes gebracht würde, sodass alle Mädchen im Tal sie beneiden würden! Kaum konnte sie es fassen, dass ihr Vater sie einem Frosch überlassen hatte, auch wenn er, das gestand sie ihm zu, keine andere Wahl gehabt hatte.

Voll solcher wütender Gedanken packte sie einen der Steine in ihrer Tasche und warf ihn mit aller Wucht nach dem Frosch, der neben ihr herritt. Kaum hatte sie zu hoffen gewagt, dass sie treffen würde, und daran, wie der

Frosch sie für den Versuch bestrafen würde, wollte sie gar nicht erst denken. Aber was tut man nicht alles, wenn man so richtig wütend ist.

Wider allen Erwartens traf der Stein den Frosch und er fiel um. Einen Augenblick lang lag er da wie tot, doch dann schnappte er nach Luft, richtete sich auf und schaute verwirrt um sich. Das Mädchen ballte die Fäuste in angestrengter Hoffnung, er möge den Stein nicht entdecken. Doch natürlich sah er ihn. Er hob ihn auf, und mit einem großen Satz sprang er auf ihr Pferd. Da saß er vor seiner jungen Frau, die ihr Zittern vor Wut und Furcht nicht verbergen konnte, und schaute sie aus großen, traurigen Augen an. Wortlos reichte er ihr den Stein und sprang wieder ab. Der Stein war zu purem Gold geworden.

Als sie das Haus des Bräutigams erreichten, empfing die alte Frau ihre Schwiegertochter mit großer Freundlichkeit und tischte für sie ihre besten Speisen auf: pralle, mit Fleisch gefüllte Momos, geschmortes Rebhuhn, ein gutes Stück Yakfleisch mit Kartoffeln, dazu auch Saubohnen und Erbsenbrei und sogar einen köstlichen, süßen Reis zum Nachtisch. Sie bekam das dickste Sitzkissen und ihr Esstischchen quoll über von Schalen und Tellern. Selbst ihre Teeschale war besonders schön und von feinster Qualität. Das Mädchen staunte. Solchen Luxus hatte sie nie und nimmer im Haushalt eines Frosches erwartet. Zudem konnte sie seine gleichmütige Haltung nach ihrem Versuch, ihn zu töten, kaum fassen, und so beschloss sie, sich mit Anstand in ihr Schicksal zu fügen. Manche Mädchen, die sie kannte, hatten es schlechter getroffen.

Als es dunkel wurde, fragte sie sich mit leisem Grausen, wie es wohl in der Nacht sein würde, die Frau eines Frosches zu sein. Doch er schickte sie ins Bett und sagte lediglich: »Ich bin dann mal in der Küche.«

Bald schlief sie ein. Sie ritt auf dem weißen Pferd zum Haus ihres zukünftigen Gemahls, umgeben von Dienerschaft, neben ihr der Onkel, der sie übergeben würde, wie es sich gehörte. Und dort stand der Bräutigam mit seiner Familie und lächelte ihr entgegen. Ah, wie schön und groß und stolz er war! Zähne so weiß wie Sommerwolken und rote Bänder im herrlich dichten, schwarzen Haar. Sie musste alle Verwandten begrüßen, doch sie sah nur ihn, und sie war so glücklich, wie man glücklicher nicht sein kann. Das war ein Feiern und Singen und Tanzen, und dann kam die Nacht und er war in ihrem Bett.

Das Erwachen war grausam.

»Komm, Schwiegertochter«, sagte die alte Frau, »steh auf. Ich zeige dir, was zu tun ist im Haushalt. Ich bin froh über deine Hilfe.«

Die alte Frau gab sich Mühe, ihre Schwiegertochter mit lustigen Geschichten aufzuheitern, wie die Frauen sie einander beim Kochen zu erzählen pflegten, doch das Mädchen schien kaum zuzuhören und sprach wenig. Immer wieder blieb sie stehen und schaute mit leerem Blick vor sich hin, in ein anderes Leben hinein. Das machte die alte Frau sehr traurig. Nun hatte sie ein großes Haus, einen fähigen Sohn, eine schöne Schwiegertochter – ach, es hätte so ein angenehmes Leben sein können.

Am Abend zog sich die junge Ehefrau so bald wie möglich in ihr einsames Bett zurück. Sie wollte träumen und hoffte, im Traumland ihren schönen jungen Mann wiederzufinden. Und so geschah es auch. Sie träumte sich wieder hinein in ein herrliches Leben mit ihm, gerade so, als habe es keine Unterbrechung gegeben.

Am nächsten Tag sagte der Frosch zu seiner Mutter und seiner Frau: »Im Dorf flussabwärts wird ein großes Fest gefeiert. Geht doch hin, dann habt ihr ein wenig Ablenkung.«

Da freuten sich die beiden. Die alte Frau freute sich für die Schwiegertochter, und das Mädchen freute sich für sich selbst. In die mit Leopardenfell besetzte Chuba gekleidet und mit allem Schmuck angetan, den sie besaß, fühlte sich die Ehefrau wider Willen fast so vergnügt wie früher, als sie sich mit den Mädchen des Tals in das Vergnügen gestürzt hatte, um nach passablen jungen Männern Ausschau zu halten.

Als Höhepunkt des Festes wurde am Fluss ein Pferderennen ausgetragen. Die Reiter reihten sich auf und zwischen all den kleinen, strammen Pferden ragte ein edles weißes Pferd unübersehbar heraus. Zum fassungslosen Erstaunen der jungen Frau sah der Reiter ihrem Traumehemann außerordentlich ähnlich, so sehr, dass sie nicht anders konnte, als ihm seinen Traumnamen zuzurufen: Kunga. Das bedeutet Freude. Ihr Herz schlug wild vor lauter Glück. Wie aufregend stark und stolz er aussah auf seinem weißen Pferd! Und natürlich siegte er, wie hätte es anders sein können. Ohne auf die alte Frau zu achten, drängte sie sich durch die jubelnde Menge zu ihm hin und drückte ihm, als er an ihr vorbeiritt, atemlos ihren schönsten Ring in die Hand.

Danach sah sie ihn nicht mehr. Obwohl sie noch lange nach ihm Ausschau hielt, konnte sie ihn nirgends entdecken.

Als sie an diesem Abend in ihr Bett schlüpfen wollte, lag darauf ihr Ring – der Ring, den sie dem Sieger des Rennens gegeben hatte. Wie war das möglich? Die halbe Nacht lang grübelte sie, doch sie fand keine Lösung für dieses Rätsel. Plötzlich hörte sie ein leises Tappen. Angestrengt lauschte sie. Ein wenig Mondlicht fiel durch das kleine Fenster des Zimmers, und was sie sah, ließ sie schnell wieder die Augen schließen. Der Frosch hatte sich still vor ihre Schlafmatte gesetzt, um ihr beim Schlafen zuzusehen. Das rührte sie, aber zugleich empfand sie ihr Schicksal als noch trauriger denn zuvor.

Bald danach berichtete der Frosch, er habe gehört, dass im Dorf flussaufwärts ein großes Fest gefeiert würde. Mutter und Ehefrau sollten hingehen, das würde ihnen guttun.

Die junge Frau, die genau genommen noch ein Mädchen war, sofern man nicht die Nächte zählte, die sie mit ihrem Traumehemann verbracht hatte, freute sich nicht nur auf das Feiern, sondern hegte die Hoffnung, dem Sieger des Rennens wiederzubegegnen. Die alte Frau war eher besorgt. Sie hatte die Begeisterung der Schwiegertochter für den schönen Reiter auf dem weißen Pferd sehr wohl bemerkt. Was wäre, wenn das junge Ding mit ihm davonliefe? Gewiss, sie hätte Verständnis dafür gehabt, aber der Gedanke, dass ihrem Sohn damit wehgetan würde, beunruhigte sie. Auch wenn er nur ein Frosch war, hatte er doch sein Recht auf Glück. Sie würde gut aufpassen.

So gingen denn die beiden Frauen, angefüllt mit reichlich Gefühlen und Gedanken, zum flussaufwärts liegenden Dorf, wo das Fest bereits im Gange war. Hier sollte ein Wettschießen ausgetragen werden, wobei die Schützen von ihren galoppierenden Pferden aus ihre Pfeile abschießen mussten. Diesmal passte die alte Frau gut auf ihre Schwiegertochter auf. Doch diese benahm sich seltsam. Kaum war das Wettrennen vorbei, das ein schöner junger Mann auf einem weißen Pferd gewonnen hatte, drückte sie sich bei den Pferden herum, die von ihren Reitern abgerieben wurden. Und als sie das weiße Pferd erblickte, schlich sie sich an das Tier heran. Die alte Frau ahnte Schlimmes und folgte ihr. Plötzlich rief die Schwiegertochter: »Ha, das ist es!«, und rannte davon. Die alte Frau folgte ihr verwirrt, verlor sie aber schnell aus den Augen.

Die Frau des Frosches rannte nach Hause und sah mit einem Blick in den Stall, dass das weiße Pferd fehlte. Da war sie sich fast schon sicher, dass sie das Rätsel gelöst hatte. Geschwind lief sie ins Haus und stolperte fast über etwas, das auf dem Boden lag, vielleicht ein Kleidungsstück, hingeworfen wie in großer Eile. Sie hob es auf und drehte und wendete es, bis sie schließlich erkannte, dass es eine Froschhaut war. Also war der Frosch nicht wirklich ein Frosch!

Blitzschnell beschloss sie, dass er das auch nie wieder sein sollte, und warf die Froschhaut in die Glut, die im Herd glimmte. Während sie noch eifrig mit Reisig das Feuer anfachte, stürmte der junge Mann, den sie überall gesucht hatte, zur Tür herein, riss die Haut aus dem Herd und schlüpfte hinein. Doch das Feuer hatte schon einen Teil davon verbrannt. Oben herum war er noch immer der begehrenswerte junge Mann, doch was unter seiner kurzen Chuba hervorschaute, waren nicht die starken, muskulösen Beine des Reiters, sondern die lächerlichen Beine eines Frosches, die in breite Füße mit Schwimmhäuten mündeten.

Verzweifelt fiel die junge Frau auf die Knie, umschlang die Froschbeine und weinte um die schönen Beine ihres Traummannes. So heftig weinte sie, dass die Tränenströme über seine Beine liefen, und, oh Wunder, die Froschhaut löste sich auf. Da waren sie wieder, die Beine des Mannes ihrer Träume, des Siegers beim Pferderennen und Wettschießen, der Besitzer der wundervollsten Beine, die man sich nur vorstellen konnte.

So wurde aus dem Frosch ein richtiger Ehemann und aus den beiden ein glückliches Paar. Und die alte Frau dachte, dass der schöne Rest ihres Lebens alles Ungemach, das sie je erlebt hatte, wieder wettmachte.

Die Hundebraut

Es war einmal ein alter Mönch, der war schon sehr lange unterwegs. Er war über hohe Berge, durch Wälder und über Grasland gewandert, hatte jeden heiligen Pilgerort drei Mal mit je hundertacht Mantras umschritten, und bei Nomadenzelten und Höfen, wo immer er vorbeikam, hatte man ihm zu essen und zumeist auch ein Plätzchen zum Schlafen gegeben. Wie das eben so war.

Als er eines Tages am Ufer eines Flüsschens entlangwanderte, sah er einen Bussard vom Himmel stürzen, und schon im nächsten Augenblick hatte der große Vogel eine weiße Schlange in den Krallen und machte sich daran, sie zu verspeisen.

»Halt, halt!«, rief der Mönch. »Nicht töten! Nicht töten! Lass sie los!«

Er rannte, fuchtelte mit den Armen und stieß schrille Schreie aus. Der Bussard wollte mit der Schlange davonfliegen, aber sie wand sich so heftig, dass er sie fallen ließ.

»Ach, du armes Ding«, murmelte der Mönch und untersuchte die Verletzungen der Schlange. Aber sie waren glücklicherweise weniger schlimm, als er befürchtet hatte.

»Ich nehme dich erst mal mit«, sagte der Mönch. »Wir wollen ja nicht, dass du gefressen wirst.«

Er bettete die weiße Schlange in seinen Hut, setzte ihn auf und ging weiter an dem Flüsschen entlang. Nicht lange, da begegnete er einem Reiter auf einem weißen Pferd.

»Sei gegrüßt, Wanderer«, sagte der Reiter. »Hast du vielleicht einen kleinen Jungen gesehen? Ich bin sehr in Sorge, dass er vielleicht einem Bussard zum Opfer gefallen ist.«

»Einen Bussard hab ich schon gesehen«, antwortete der

alte Mönch, »aber weit und breit keinen Jungen. Tut mir leid.«

Die Schlange bewegte sich auf seinem Kopf, sodass der Hut kräftig wackelte.

»Was hast du denn für einen seltsamen Hut?«, fragte der Reiter. »Der wackelt ja ganz von allein.«

»Oh, das tut er sonst nicht«, antwortete der alte Mönch, nahm den Hut ab und zeigte dem Reiter die weiße Schlange. »Der Bussard hat diese Schlange erwischt und wollte sie fressen. Ich habe sie gerettet und vorsichtshalber mitgenommen.«

»Da ist er ja!«, rief der Reiter glücklich. »Das ist mein Sohn.«

»Aha«, sagte der alte Mönch und überreichte dem Mann die Schlange. Er war ganz froh, dass er sich nun nicht mehr um sie kümmern musste. Er hatte keine Erfahrung mit Schlangen.

»Komm mit zu meinem Zelt«, sagte der Reiter, »du hast eine gute Belohnung verdient.«

Sehr zufrieden lief der alte Mönch hinter dem Reiter her zu dessen Zelt. Die Freude der Familie über den wiedergefundenen Sohn war groß und der Mönch wurde reichlich bewirtet. Als es Zeit zum Melken war, ging die ganze Familie zu den Tieren und ließ den Mönch allein.

Neben dem Zelt war eine struppige kleine Hündin angebunden. Sie sah so armselig aus, dass der alte Mönch mitleidig sagte: »Na, du hast wohl kein leichtes Leben, Kleine. Da sind wir uns ähnlich. Ich hab mir das ja auch mal anders vorgestellt. Aber dann musste ich ins Kloster und aus war's mit dem Erben und dem lustigen Leben.«

Die kleine Hündin erhob sich und wedelte mit dem Schwanz.

»Wenn du Glück haben willst«, sagte sie, »dann bitte die

Leute, sie sollen dir mich als Belohnung geben. Ich kann für dein Glück sorgen.«

Na so was, dachte der Mönch, hier gibt es Schlangen als Söhne und Hunde, die reden. Aber mir soll es recht sein, vielleicht hab ich wirklich mal Glück. Und er beschloss, es darauf ankommen zu lassen. Er dachte, dass das lange Pilgern und die vielen Mantras schließlich sein Karma verbessert haben könnten.

Also dankte er seinen Gastgebern am nächsten Morgen und bat nur um die struppige Hündin als Belohnung. Er wünsche sich sehr, solch einen freundlichen kleinen Begleiter zu haben.

Die Hausfrau runzelte die Brauen, doch der Hausherr gab ohne Zögern den Hund heraus. »Bedenke, er hat unseren Sohn gerettet«, sagte er zu seiner Frau.

Munter zog der Mönch des Weges und dachte an das Glück, das ihm die Hündin versprochen hatte. Aber bis zum Abend fanden sie keinen Hof und keine Zelte, wo sie um Obdach hätten bitten können. Der Mönch hatte Hunger und war über alle Maßen enttäuscht.

»Von wegen Glück!«, sagte er ärgerlich und gab der Hündin einen Tritt. Er musste sich damit abfinden, sich nachts im Schutz eines Gebüschs in sein altes Schlaffell zu wickeln.

Ein kalter, klarer Morgen weckte ihn. »Ach, wie schön wäre ein dicker Buttertee und ein ordentliches Stück Fleisch«, brummte er und rollte sein Schlaffell zusammen. Es war nicht das erste Mal, dass er ohne Essen und ein Dach über dem Kopf die Nacht hatte verbringen müssen, doch diesmal hatte er auf Glück gehofft. Aber wie es so ist mit der Hoffnung – wird sie nicht erfüllt, erscheint alles noch schlimmer.

Die kleine Hündin lief wieder vor ihm her und er folgte

ihr missmutig. Er wusste ja nicht, wohin er sonst gehen sollte. Schließlich traf er auf ein paar Nomadenzelte, umgeben von Schafen und Ziegen, die gerade gemolken wurden. Die großen, wilden Wachhunde zerrten an ihren Ketten, bellten und fletschten die Zähne.

»Komm nur her, Pilger!«, rief eine Frau. »Hier gibt es frische Milch für dich.«

Nach dem Melken durfte der Mönch sich zur Familie setzen. Er bekam Buttertee in seine Schale und ein großes Stück Fleisch, gerade so, wie er es sich gewünscht hatte.

»So ist es gut«, sagte er zu der kleinen Hündin und gab ihr einen großzügigen Happen von seinem Fleisch.

Beim Weitergehen schaute er noch einmal zurück und murmelte mit einem sehnsüchtigen Blick auf das gastliche Zelt: »Ach, so ein schönes Zelt und Schafe und Ziegen, das wäre ein Leben!«

Gestärkt wanderte er weiter und ließ sich von der Hündin führen, denn sie schien genau zu wissen, wohin sie wollte. Da er die Gegend nicht kannte, war es ihm recht, denn er dachte, sie würde schon riechen, wohin zu gehen sich lohnte.

Die Sonne war bereits am Untergehen, da entdeckte er in der Ferne eine große Jurte.

»Guter Hund!«, sagte der Mönch und beschleunigte seine Schritte in der Hoffnung auf einen vollen Bauch und ein angenehmes Nachtlager. Er wunderte sich, dass kein Hundegebell zu hören war und er weder Menschen noch Tiere sah. Doch die kleine Hündin lief unbekümmert voran, so selbstverständlich, als fühlte sie sich hier zu Hause.

Das Zelt war völlig leer bis auf eine Feuerstelle mit ein wenig Asche, und es roch, als wäre es nicht bewohnt.

»Sicher hat niemand etwas dagegen, dass wir hier übernachten«, sagte der Mönch. »Aber ich frage mich, wer lässt denn einfach sein Zelt stehen?«

Die Hündin legte sich an den Eingang wie ein braver Wachhund, schloss die Augen und begann zu schnarchen.

Dem Mönch kamen einige ungute Gedanken, wie etwa, dass vielleicht ein Fluch über diesem Ort liegen könnte. Vorsichtig rezitierte er ein paar Schutzgebete, packte dann jedoch eifrig die reichlichen Vorräte aus, die ihm seine freundlichen Gastgeber mitgegeben hatten. Müde und gesättigt legte er sich im Zelt zum Schlafen nieder. Im Traum befand er sich in diesem Zelt, doch es war nicht leer, sondern gut ausgestattet mit Teppichen, Fellen und Truhen voller Kleider und allem Übrigen, was man zum angenehmen Leben in einem Zelt brauchte.

Als er am Morgen aufwachte, schaute er verwirrt um sich. Er befand sich immer noch in demselben, reich ausgestatteten Zelt seines Traums. Er kniff sich in den Arm, denn er konnte nicht glauben, dass er wirklich wach war. Aber das Kneifen änderte nichts und im nächsten Augenblick kam auch schon die kleine Hündin herbei und leckte ihm das Gesicht.

»Lass das!«, sagte der Mönch. »So gut kennen wir uns nun auch wieder nicht.«

Aber er besaß jetzt nicht nur ein prächtiges Zelt, sondern auch viele Yak-Kühe, Schafe und Ziegen, die morgens, wenn er aufwachte, bereits gemolken waren. Brachte er sie abends von den Weiden heim, waren Joghurt und Käse schon fertig zubereitet. Und wenn er einmal zu Hause blieb, weil er Händler zu Besuch hatte, betreute das Hündchen die Herde. Nie ging ein Tier verloren.

Das war ein Leben, das dem Mönch gut gefiel, viel besser als das Umherwandern, und er vergaß bald, dass er ein Mönch war. Er begegnete anderen Hirten, mit denen er plaudern konnte, und mit der Zeit machten immer öfter Händler bei ihm halt, denn er hatte hervorragenden Käse zum Tausch anzubieten.

»Wo ist denn deine Frau?«, fragten die Hirten.

Da dachte der Mönch, es wäre schön, wenn er eine Frau hätte. Aber er hatte nur eine kleine Hündin, die auf wundersame Weise für alles sorgte. Er begann darüber nachzudenken, wie sie das wohl machte. Also brachte er eines Tages seine Herde auf die Weide, ging aber dann den langen Weg zum Zelt zurück. Dort versteckte er sich hinter einem Busch und wartete. Wie groß war sein Erstaunen, als eine wunderschöne junge Frau aus seinem Zelt trat und zu einer nahen Quelle ging, um Wasser zu holen. Geschwind huschte der Mönch ins Zelt. Auf dem Boden sah er ein Hundefell liegen.

»Schluss mit Hund«, sagte er begeistert und warf das Hundefell mitsamt ein paar getrockneten Kuhfladen in die Feuerstelle, sodass das Feuer heftig aufflammte und das Hundefell im Nu verbrannte.

»Oh nein, oh nein!«, rief die junge Frau, als sie von der Quelle zurückkam, und schüttete schnell alles Wasser ins Feuer. Doch es war zu spät, das Hundefell war bereits zu Asche verbrannt.

»Warum hast du das nur getan?«, sagte die junge Frau. »Jetzt werde ich nicht mehr für dein Glück sorgen können. Du hättest mein Hundekleid nicht verbrennen dürfen. Wärst du doch nur geduldiger gewesen.«

»Aber es ist doch alles in Ordnung«, sagte der Mönch bestürzt. »Du bist jetzt meine Frau und wir können glücklich miteinander leben.«

Die junge Frau schüttelte den Kopf. »Nein, o nein. Ich werde nicht bei dir bleiben können. Du wirst schon sehen.«

Der Mönch war sehr kleinlaut und versprach, alles zu tun, was sie von ihm verlangte, wenn er sie nur behalten dürfe. Die Frau seufzte. Er solle ihr versprechen, dass er niemandem von ihr erzählen und keine Gäste ins Zelt lassen würde, sagte sie.

Eine Weile hielt der Mönch sich daran, und sie lebten in Frieden, doch dann kam es, wie es kommen musste. Der Mönch konnte es nicht lassen, vor den Hirten mit ihr zu prahlen.

So schön sei sie, dass man im ganzen Land keine schönere Frau fände, erklärte er. Aber sie sei scheu, wolle nicht, dass er sie herzeige. Das machte die Hirten natürlich neugierig, und sie legten es darauf an, überraschend mit Geschenken zu Besuch zu kommen und sich von ihr bewirten zu lassen. Bald wussten nicht nur alle Hirten im Umkreis, sondern auch weit reisende Händler von des Mönchs schöner Frau. Und so kam es, dass auch der König davon erfuhr.

Schon seit einiger Zeit war der König auf der Suche nach einer Frau, und es durfte nur die allerschönste sein. Da kam ihm das Gerücht von der schönen, jungen Nomadenfrau gerade recht. Er schickte einen Abgesandten mit ein paar Männern los, die Schöne zu suchen. Als der Mönch mit seiner Herde von der Weide kam, wartete der prachtvoll gekleidete Abgesandte mit seinen Begleitern vor dem Zelt.

»Der König will deine Frau sehen«, sagte der Abgesandte. »Wir nehmen sie mit.«

»Das kommt nicht infrage«, erwiderte der Mönch empört, »da könnte ja jeder kommen. Wenn der König sie unbedingt sehen will, dann muss er sich schon hierherbemühen.«

Der Abgesandte und sein Begleiter ritten davon, und er war stolz auf sich, wie er des Königs Männer abgefertigt hatte. Aber die junge Frau schimpfte: »Wie konntest du nur den König einladen. Noch etwas Dümmeres kann man sich gar nicht vorstellen. Er wird mich mitnehmen. Ich habe dir doch gesagt, schweig still, sonst würde ich dich verlassen müssen.«

Der Mönch rang die Hände. Er könne ohne sie nicht leben, jammerte er, und dass er das dem König sagen werde. Der König werde sicher Mitleid mit ihm haben. Doch seine Frau schüttelte nur den Kopf und seufzte.

Es dauerte nicht lange, da kam der König mit seinem Gefolge. Er war prächtig anzusehen, in Seide und Brokat gekleidet auf einem großen, edlen Pferd aus dem Norden, und auch seine Begleiter sahen reich und beeindruckend aus.

Eilig rieb sich die junge Frau Asche und Staub ins Gesicht und zerwühlte ihr Haar, um möglichst hässlich auszusehen, aber der König durchschaute ihre List und verlangte, dass sie ihr Gesicht wusch.

»Ich will diese Frau haben«, sagte der König. »Sie wird meine Königin sein und du wirst gut belohnt werden.«

Der Mönch erwiderte kläglich: »Ich habe mehr als das, was ich brauche, und ohne meine Frau kann ich nicht leben. Sie ist mein Ein und Alles. Ich kann sie auf gar keinen Fall hergeben.«

Der König erhob sich. »Nichts da! Ich werde alles vorbereiten lassen für das große Fest. Am Glück verheißenden Tag wirst du sie bringen und alle meine Untertanen werden mit mir feiern. Du wirst dich nicht weigern, denn das würde dich dein Leben kosten.«

Kaum war der König fort, warf sich der Mönch, der längst vergessen hatte, dass er ein Mönch war, in Verzweiflung auf den Boden und heulte und klagte zum Steinerweichen.

»Oh, was hab ich nur getan«, wimmerte er. »Der König ist so mächtig, gegen ihn kann ich nichts ausrichten. Was soll ich mit all der Belohnung anfangen ohne dich? Ärmer als der ärmste Bettler werde ich sein.«

Die Frau seufzte. Einen einzigen Ausweg könne es geben,

sagte sie schließlich. Er solle zu ihren Leuten gehen und sie in allem Anstand um ein Kästchen bitten, das ihr gehöre. Da er den Sohn der Familie gerettet habe, würden sie ihm dies wohl nicht abschlagen. Aber auf gar keinen Fall dürfe er das Kästchen öffnen.

Also ritt der Mönch zu dem Flüsschen, wo die Leute seiner Frau mit dem Schlangensohn lebten. Sie zögerten nicht, ihm das Kästchen zu geben. Auf dem Heimweg, als er an einem hübschen Plätzchen an einem Berghang am Fuß eines Felsens Rast machte, packte ihn die Neugier, was wohl in dem geheimnisvollen Kästchen sein mochte. Es würde wohl nichts schaden, wenn er den Deckel nur ein ganz kleines bisschen anhob, nicht mehr als einen Fingerbreit. Mit größter Vorsicht löste er den Riegel und hob den Deckel an. Mit ungeahnter Wucht flog der Deckel auf und heraus strömten winzige, schwer bewaffnete Krieger, immer mehr, ungeheure Mengen, bis der Mönch große Angst bekam.

Die winzigen Krieger schrien: »Schlagen, schlagen!«, und: »Zerstören, zerstören!«

»Hier, den Felsen«, schrie der Mönch entsetzt. »Schlagt den Felsen! Zerstört den Felsen!«

Die Krieger fielen über den Felsen her, zerstörten ihn, bis er nur noch Staub war. Dann verschwanden sie wieder in dem Kästchen und der Mönch schlug zitternd den Deckel zu und verriegelte ihn.

»Hast du hineingeschaut?«, fragte seine Frau, als er heimkam.

Der Mönch wies das weit von sich, als hätte er niemals etwas getan, was die Frau ihm verboten hatte. Sie seufzte.

Als die Männer des Königs kamen, um die zukünftige Königin mit viel Pomp abzuholen, ritten der Mönch und seine Frau widerstandslos mit. Alle mächtigen Herren und Würdenträger des Landes waren versammelt, das Heer der

Krieger war in voller Rüstung aufmarschiert und in weitem Umkreis um das Schloss hatten sich die Untertanen versammelt. Nun war alles bereit für die großartige Zeremonie des Empfangs der neuen Königin.

Der Mönch öffnete das Kästchen, und zahllose kleine Krieger strömten heraus, Tausende und Tausende. »Schlagen, schlagen!«, schrien sie ohrenbetäubend und: »Zerstören, zerstören!«

»Schlagt den König und alle Mächtigen und Günstlinge«, rief der Mönch, so laut er konnte. »Zerstört sie alle!«

Und genau das taten die unzähligen Winzlinge mit Erfolg. Sie erschlugen den König und alle Minister und Günstlinge, und als alle tot waren, strömten sie auf den Befehl des Mönchs zurück in das Kästchen.

Die junge Frau seufzte. »Ach!«, sagte sie.

»Aber jetzt haben wir ein Königreich«, sagte der ehemalige Mönch.

»Ja, jetzt haben wir ein Königreich«, erwiderte die Frau und seufzte noch ein bisschen.

Von da an lebten sie in Glück und Frieden.

Freche Geschichten

Jede Gesellschaft braucht ihre Witze und Satiren, um unangenehmen Wahrheiten eine Stimme zu geben, vergleichbar dem Hofnarren, der dem König in närrischer Verpackung das sagte, was ihm sonst niemand ungestraft sagen konnte. Diese Neigung zum Närrischen hatte in Tibet eine besondere Tradition, die auch die Religion einbezog, da Religion und Politik nicht getrennt waren. Ein typisches Beispiel sind die klösterlichen Tänze, in denen Meditationsgottheiten und Beschützergottheiten in prachtvollen Masken präzise Choreografien tanzen, aber mindestens einmal von komischen, nicht selten auch anzüglichen Szenen unterbrochen werden. Da purzeln Schneelöwen durch die Gegend, Affen stibitzen den Zuschauern ihren Proviant oder sonstige Masken veranstalten diversen Klamauk.

Aku Tompa war die bekannteste Figur in solch frechen Geschichten. Wenn die Frauen in den Küchen und Nomadenzelten kochten, ging es manchmal recht lustig und auch anzüglich her und da durfte Onkel Tompa mit seinen unverschämten Taten nicht fehlen. Oft ging es um Sex, wobei Tabus ohne Scheu mit viel Gelächter durchbrochen wurden, denn der tibetischen Kultur sind Sexualneurosen fremd. Sex gilt als natürlich und vergnüglich. Natürlich gab es Schranken, doch diese beruhten eher auf sachlichen Übereinkünften, denn es ging mehr um Hab und Gut als um moralische Vorstellungen. Aku-Tompa-Geschichten waren ein gutes Ventil, dem Ärger über die Mächtigen, Reichen und auch Kleriker eine heitere Stimme zu geben. Mönche und Nonnen, die ihre Zölibatsgelübde nicht einhielten, waren ein besonders beliebtes Objekt.

Ein weiterer berühmter Protagonist der frechen Geschichten ist Künga Legpa, der »heilige Narr«, Held einer Biografie aus dem sechzehnten Jahrhundert. Er war ein »Meister der Verrückten Weisheit«, was nicht heißt, dass die Weisheit oder der Meister verrückt waren, sondern dass Weisheit in einer oft nicht gesellschaftsopportunen Weise vermittelt wurde, um die Menschen aufzurütteln und ihr Festhalten an fixen Meinungen oder ihre Heimlichkeiten und Heucheleien zu entlarven. Dieser berühmte Text ist ein Gegenstück zu Hagiografien, in denen die Lebensgeschichten von Heiligen in einer verklärenden Weise dargestellt werden.

Aku Tompa ist ein Mann des »gemeinen Volkes«, der Trickser oder Schelm, und er tritt der Gesellschaft gegen das Schienbein, ohne dabei höhere Zwecke zu verfolgen. Anders Künga Legpa, ein hochkarätiger Yogi aus Bhutan. Er nimmt gern die Klöster und die Kleriker aufs Korn, die ein gutes Beispiel für die Einhaltung von Gelübden geben sollten, dies aber natürlich nicht immer garantierten. So singt er zum Beispiel in einem seiner Lehrgesänge darüber, was er als wandernder Yogi in Klöstern verschiedener Traditionslinien erlebte:

»... Als wandernder Yogi besuchte ich das Gelugpa-Kloster Ganden.
Dort suchte jeder Mönch nach einem Freund.
Da ich befürchtete, meinen Samen zu verlieren, machte ich mich davon.

> Als wandernder Yogi besuchte ich eine Schule von Einsiedlern.
> Dort sehnte sich jeder Einsiedler nach einer Geliebten.
> Da ich befürchtete, ein Vater und Haushaltsvorstand zu werden, machte ich mich davon.
> … Als wandernder Yogi saß ich zu Füßen eines inkarnierten Lamas.
> Dessen einzige Sorge war sein Schatz von Opferspenden.
> Da ich befürchtete, ein Gierkropf und Geizhals zu werden, machte ich mich davon …«

Die Biografie dieses Meisters der Verrückten Weisheit lässt allerdings mit den entsprechenden Lehrgesängen des Meisters keinen Zweifel daran, dass er nicht nur anprangerte, sondern zugleich auch ein hervorragender spiritueller Lehrer war. Es hat dem tibetischen Buddhismus als Religion gutgetan, so viel Spielraum für humorvolle Kritik zu haben. So schützte das kritische Rütteln an der »Verpackung«, der gelebten Religion, den spirituellen Kern.

Aku Tompa macht ein gutes Geschäft

Wie so oft war Aku Tompa pleite. Und wieder einmal zog er herum auf der Suche nach interessanten Möglichkeiten, seinen Säckel zu füllen. Das führte ihn an den Rand eines Dorfes, wo er in einem bescheidenen Häuschen, aus dem der angenehme Duft nach Fleischbrühe wehte, um eine Mahlzeit bat. Das Paar, das dort wohnte, empfing ihn freundlich, goss Tee in seine hölzerne Schale und lud ihn ein, mit ihnen dicke Suppe zu essen, die auf dem Herd brodelte.

Aku Tompa bemerkte schnell, dass etwas nicht stimmte. Die beiden wirkten sehr bedrückt, sodass Aku Tompa fragte: »Gute Leute, ihr seid ja wohl nicht gerade glücklich. Darf ich erfahren, was euch plagt?«

Der Mann seufzte. »Ach ja, wir haben wirklich große Sorgen. Es ist Erntezeit, und wir sollten ernten, aber da gibt es nichts zu ernten, jedenfalls nichts, was wir brauchen könnten.«

»Und du bist schuld daran«, sagte die Frau.

Der Mann brummte: »Wenn jemand schuld daran ist, dann der Lama.«

Die Frau wandte sich an Aku Tompa. »Hätte er nicht so ein loses Maul, wäre nichts passiert. Und jetzt will er es nicht gewesen sein.«

Nun war Aku Tompa aber wirklich neugierig geworden. »Worum geht es denn?«, fragte er.

Der Mann stand auf und forderte den Gast auf, mit ihm zu kommen. Über einen Trampelpfad erreichten alle drei das Feld des Paares.

Aku Tompa starrte auf das Feld und brach dann in lautes Lachen aus. »Da wachsen ja lauter Penisse!«, prustete er. »Wie kommt ihr denn dazu?«

Der Mann räusperte sich. »Also, es war so«, sagte er. »Wir waren fertig mit dem Feld unseres Nachbarn, und bevor wir zusammen die Saat auf unserem ausbrachten, machten wir eine Pause und tranken ein bisschen Chang und erzählten uns lustige Geschichten. Ich meine, freche Geschichten, du weißt schon.«

»Ein bisschen Chang!«, sagte die Frau und verzog das Gesicht. »Bei dir ist es nie nur ein bisschen Chang.«

Der Mann tat, als hätte er nichts gehört, und fuhr fort: »Da kam ein Lama vorbei, aber wir bemerkten ihn erst, als er uns zurief: Was sät ihr denn Schönes? Ja, also, wir waren sehr lustig, und natürlich hätten wir dem Lama Ehrerbietung erweisen und ihn um seinen Segen für die Felder bitten sollen, aber daran dachte ich nicht, weil ich so lustig war, und rief: ›Wir säen Penisse, lauter schöne, dicke Penisse.‹«

Der Mann lachte trotz seines Kummers kurz auf, als er sich daran erinnerte.

»Du glaubst nicht, wie wütend der Lama war. Genau das würden wir ernten, schimpfte er und schüttelte seine Faust, nichts als Penisse. Wir dachten, das sei ein guter Witz, lachten darüber und machten uns ans Säen und vergaßen den Lama. Aber dann wuchs das da. Und wir haben keine Gerste und nichts zu verkaufen und wir fürchten uns vor dem Winter.«

Aku Tompa wiegte den Kopf und hatte eine Idee.

»Hört zu, ihr zwei, ich will euch helfen. Gebt mir die Penisse und ich werde sie für euch verkaufen. Den Erlös teilen wir uns.«

Sofort machten sie sich daran, das Feld abzuernten. Aku Tompa lud die Säcke mit den Penissen auf das Maultier des Paares und machte sich auf den Weg zum größten Nonnenkloster der Gegend. Vor dem Klostertor breitete er seine Schätze aus, Penisse in allen Größen, und wartete.

»Kauft Penisse!«, rief er. »Wunderbare Penisse in allen Größen.« Doch niemand ließ sich blicken. Erst als es bereits dunkel war, huschte die Äbtissin vor das Tor und betrachtete im Schein einer Butterlampe das Angebot.

»Das sind magische Penisse«, sagte Aku Tompa und hob ein besonders prächtiges Exemplar hoch. »So einer kann außerordentliche Freuden bereiten, Ehrwürdige. Sagt man ›Ts, ts‹, kommt er rein und folgt seiner Bestimmung, und hat man genug und sagt ›Oho‹, dann geht er raus. Ihr werdet begeistert sein.«

Die Äbtissin erstand den magischen Freudenbringer gegen einen stattlichen Preis. Nach und nach kamen immer mehr Nonnen und es fand sich für jede ein passendes Stück. Mit einem prallen Beutel voller Türkise, Korallen und Goldbröckchen kehrte Aku Tompa zu dem Paar zurück. Die Hälfte des Erlöses war weitaus mehr, als die guten Leute für ihre Gerste hätten bekommen können, und Aku Tompa zog höchst zufrieden weiter.

Die Äbtissin des Klosters fand so viel Gefallen an ihrem kleinen Freudenbringer, dass sie ein silbernes Kästchen für ihn fertigen ließ. Als sie einmal zu einem entfernten Dorf gerufen wurde, um eine Zeremonie zu vollziehen, vergaß sie in der Eile, das Kästchen mitzunehmen. Plötzlich fiel ihr ein, dass sie ja die Nacht nicht in ihrem Kloster verbringen würde, und das machte sie so unruhig, dass sie einen Diener schickte, ihr das kostbare Kästchen zu holen. Auf dem Rückweg legte der Diener eine kleine Pause ein, aß ein wenig Käse und trank ein paar Schlucke aus seinem Wasserbeutel. Dabei fiel das silberne Kästchen auf den Boden und der Deckel sprang auf. Angesichts des Inhalts entfuhr dem Diener ein empörtes »Ts, ts«, worauf der Penis munter wurde und seiner Bestimmung gemäß nach einem Eingang suchte. Er suchte und suchte und fand – den falschen.

Der Diener schrie: »Oh, oho!«, worauf der Penis sich zurückzog. Der Diener packte das gute Stück, trampelte wütend darauf herum und schlug mit einem Stock darauf ein, bis die ursprüngliche Form nicht mehr erkennbar war. Wortlos übergab er der Äbtissin das Kästchen.

»Hast du es geöffnet?«, fragte sie.

»Nein«, antwortete der Diener, »natürlich nicht.«

Die Äbtissin wandte sich zur Seite, um einen Blick hineinzuwerfen, aber als sie das Malheur erblickte, ließ sie entsetzt das Kästchen fallen. Ein Lama, der zu Gast war, fing den Inhalt auf, dachte, es sei ein Stück Fleisch, warf es in den Kochtopf, in dem Brühe brodelte, ließ es kurz kochen und aß es genüsslich auf.

Daraufhin fiel die Äbtissin, die dies versteinert beobachtet hatte, tot um.

Aku Tompa verlangt es nach einer Prinzessin

Eines Tages kam Aku Tompa auf einer seiner Wanderungen in ein kleines Königreich, und zu seinem großen Vergnügen hörte er, dass der König eine ganz ausnehmend schöne, junge Tochter habe. Natürlich gab es viele Anwärter, die sie gern zur Frau haben wollten, aber der König hatte alle abgewehrt. Sie sei noch zu jung für einen Mann, pflegte er zu sagen.

Aku Tompa beschloss, sich diese Prinzessin einmal genau anzuschauen, aber das war schwierig, denn nicht jeder hatte Zutritt zur Burg des Königs. Doch um eine List war Aku Tompa nie verlegen. Er stellte sich der Wache als neuer Hausgehilfe vor und wurde zum König geführt.

»Ich habe gehört, dass Ihr einen Hausgehilfen braucht«, sagte Aku Tompa und setzte seine bescheidenste Miene auf. »Ich suche Arbeit und kann das sehr gut. Zum Beispiel alle Zimmer und die Küche ausfegen, das kann ich besser als jeder andere. Und mehr als Essen und eine Ecke zum Schlafen verlange ich nicht.«

Der König war einverstanden und fragte nach dem Namen des neuen Hausgehilfen. Aku Tompa wand sich ein bisschen, sagte, es sei ein komischer Name, aber so heiße er nun mal. Sein Name sei Pimmel.

Der König lachte. »Nun, dann geh an die Arbeit, Pimmel«, sagte er.

Als Aku Tompa sich ein wenig später der Königin als der neue Hausgehilfe vorstellte, fragte auch sie nach seinem Namen. Wieder wand sich Aku Tompa ein bisschen, sagte, es sei ein komischer Name, aber so heiße er nun mal. Sein Name sei Muschi.

Die Königin lächelte. »Wirklich ein ulkiger Name«, sagte sie. »Aber nun mach dich an die Arbeit.«

Als Aku Tompa der Prinzessin begegnete, verbeugte er sich und stellte sich als der neue Hausgehilfe vor. Die Prinzessin, die gerade Erbsen sortierte, fragte nach seinem Namen. Auch diesmal wand sich Aku Tompa ein bisschen, sagte, es sei ein komischer Name, aber so heiße er nun mal. Sein Name sei Erbschen.

Die Prinzessin lachte laut. »Wie lustig, das Erbschen! Was haben sich deine Eltern nur dabei gedacht?«

»Ich war halt so klein«, antwortete Aku Tompa und dachte: Aber jetzt, meine Schöne, bin ich nicht mehr klein, und das werde ich dir zeigen. Denn die junge Prinzessin gefiel ihm über alle Maßen gut.

Als es Nacht wurde, versteckte sich Aku Tompa unter ihrem Bett. Er wartete, bis ihr Atem ganz ruhig und gleichmäßig geworden war, krabbelte unter dem Bett hervor und unter ihr Schlaffell und ging ohne Umstände ans Werk.

Die Prinzessin, die nicht recht wusste, wie ihr geschah, weil sie ja noch nie einen Mann in ihrem Bett gehabt hatte, rief laut nach ihren Eltern. »Erbschen bedrängt mich!«, schrie sie.

»Hättest du nicht so viele Erbsen gegessen, würden sie dich jetzt nicht drücken«, rief die Mutter zurück.

Aber die Prinzessin hörte nicht auf zu schreien. Die Mutter eilte zum Zimmer ihrer Tochter und sah, wie Aku Tompas blanker Hintern eifrig auf ihrer Tochter hopste. Entsetzt lief sie zum König und schüttelte ihn: »Komm schnell, komm schnell, Muschi bedrängt unsere Tochter!«

Der König wachte auf und brummte unmutig: »Also, bitte! Sie wird's ja noch abwarten können, bis wir einen passenden Mann für sie gefunden haben.«

»Aber das ist nicht der Passende. Du musst sofort kommen.«

Der König hätte gern weitergeschlafen, aber das Geschrei

seiner Frauen trieb ihn aus dem Bett. Er kam gerade rechtzeitig, um zu sehen, wie sein Hausgehilfe die Hose hochzog und aus dem Fenster sprang.

Augenblicklich alarmierte der König die Wachen. »Schnell, holt den Pimmel und haltet ihn fest!«

Er zog seine Chuba an und eilte in den Hof hinunter. Da standen seine Wachen und taten, was er ihnen befohlen hatte – sie zogen ihre Pimmel heraus und hielten sie fest.

»Ihr Dummköpfe!«, schrie der König außer sich. »Den Hausgehilfen Pimmel sollt ihr fangen. Los, beeilt euch!«

Die Wachen waren schneller als Aku Tompa und fingen ihn ein. Am Morgen versammelte der König seine Untertanen und verkündete sein Urteil für das unerlaubte Besteigen seiner Tochter.

»Tod durch Köpfen!«, sagte er.

Aku Tompa versuchte gar nicht erst, seine Tat abzustreiten. Er hob die Hand und sagte zum König und allen Versammelten: »Eines bitte ich zu bedenken. Wie ich mich kenne, ist die Prinzessin jetzt schwanger. Wenn ihr mich köpft, wird die Prinzessin bald Witwe genannt werden. Witwen kommen nicht gut an. Wie wollt Ihr, verehrter König, dann einen Mann für sie finden. Es wäre besser, ich würde ihr Mann.«

Der König dachte gründlich nach und kam zu dem Schluss, dass Aku Tompa recht hatte. Für eine Witwe einen Mann zu finden, würde vielleicht wirklich schwierig sein. Da nahm er doch lieber den Schwiegersohn, der bereits da war.

So bekam der schlaue Aku Tompa eine Prinzessin.

Aku Tompa zahlt es dem König heim

Der König des Landes, in dem Aku Tompa einige Zeit seines Lebens in einem hübschen Dorf verbrachte, war ein schlechter König. Er ließ seine Untertanen bei dem kleinsten Vergehen harte Prügelstrafen erleiden und mancher überlebte die brutale Behandlung nicht.

Eines Tages sagte Aku Tompa: »So darf es doch nicht weitergehen. Diesen König müsste man totschlagen.«

Alle Dorfbewohner stimmten ihm aus ganzem Herzen zu. Aber sie wussten auch, dass es unmöglich war, an den König heranzukommen, denn der war stets von bewaffneten Männern umgeben.

Aku Tompa dachte nach. So schlau er auch war, musste er diesmal doch recht lange nachdenken, bis ihm eine Lösung einfiel.

»Leute«, sagte er, »ich weiß, wie wir es machen, ohne uns in Gefahr zu bringen.«

Er führte eine Gruppe der stärksten Männer, die er finden konnte, jeder mit einem dicken Knüppel ausgestattet, in die Berge zu einer verborgenen Höhle, in der er auf dem Weg in das kleine Königreich einmal übernachtet hatte. Sie statteten die Höhle auf schönste Weise mit Teppichen, Rollbildern, Butterlampen und Räucherwerk aus, dann mussten die Männer die Haare zu Knoten auf dem Kopf binden und sich in die weißen Tücher der heiligen Zauberer hüllen.

»So«, sagte Aku Tompa, »haltet eure Knüppel bereit, jetzt hole ich den König.« Und er machte sich auf den Weg zur Burg.

Dem Wächter am Burgtor erklärte er, dass er ein Wahrsager sei, und er habe gehört, dass der König großes Interesse an hellseherischen Fähigkeiten habe. Denn es war bekannt, dass der König nicht nur hart und geizig, sondern auch sehr abergläubisch war und große Angst vor dem Tod hatte.

Der Wächter ließ ihn ein und Aku Tompa verneigte sich mit seinem bescheidensten Gesicht vor dem König.

»Erlaubt, Majestät, dass ich Euch meine Dienste anbiete«, sagte er. »Ich bin ein wandernder Wahrsager und dankbar für eine Mahlzeit.«

Nun gut, dachte der König, wenn er nur etwas zu essen will, soll es mir recht sein. Denn, wie gesagt, er war fast ebenso geizig wie abergläubisch.

»Sag mir, wie steht es mit meinem Reich? Hat es keine Feinde zu befürchten? Und geht es meinem Volk gut?«, fragte der König, obwohl er viel lieber sein einzig wichtiges Anliegen zur Sprache gebracht hätte, nämlich, ob er noch lange leben würde. Aber aus Angst vor einer unangenehmen Vorhersage wagte er nicht zu fragen.

Mit wichtigem Gehabe zählte Aku Tompa an der großen Gebetskette aus Baumsamen, die er von seinem Hals nahm, Perlen ab, nickte ein wenig, murmelte ein wenig, und sagte dann: »Nein, Majestät, Euer Reich wird nicht von Feinden bedroht und Eurem Volk geht es gut. Aber …« Er zog eine sehr bedrückte Miene.

»Aber?«, wiederholte der König beunruhigt.

»Ähm«, druckste Aku Tompa herum, »ich sage es nicht gern, Majestät, aber ich fürchte …«

»Nun rede schon!«, befahl der König, bleich wie ein Untoter.

»Euer Leben wird bald ein Ende haben«, flüsterte Aku Tompa. »Aber es gibt eine einzige Hoffnung«, fügte er schnell hinzu.

»Eine Hoffnung? Sprich, schnell!«, keuchte der König, der schon die finstere Hand des Todes nach sich greifen fühlte.

Aku Tompa hob bedeutungsvoll die Hand. »Majestät, dies ist ein ganz besonderes Geheimnis. Weit oben in den Bergen gibt es eine unsichtbare Höhle, die nur an bestimmten Tagen sichtbar wird. Dort halten sich himmlische Wesen auf, die langes Leben verleihen. Es ist ein wunderbarer Zufall, dass gerade heute solch ein Tag ist. Ich könnte Euch führen.«

Der König sprang auf und wollte sofort seine bewaffnete Garde rufen lassen.

Doch Aku Tompa winkte ab. »Majestät, wir müssen unbegleitet und unbemerkt zu der Höhle hinaufgehen. Wären Eure Männer dabei, könnten wir vielleicht die Höhle finden, weil sie ja heute sichtbar ist, aber die himmlischen Wesen würden sich nicht blicken lassen. Das ist nun mal leider so.«

Das gefiel dem König gar nicht, aber es ging schließlich um sein Leben. Heimlich verließ er die Burg und folgte Aku Tompa in die Berge hinauf.

In der Höhle saßen schweigend die vermeintlichen himmlischen Wesen, die Gesichter im Schatten der großen weißen Tücher verborgen, die ihre Köpfe bedeckten. Aku Tompa führte den König in ihren Kreis und sagte: »Majestät, die Himmlischen werden Euch nun für jedes weitere Lebensjahr einen Schlag mit dem Prügel versetzen. Das kennt Ihr ja, Ihr pflegt diese Strafe ja häufig über Eure Untertanen zu verhängen.«

Der König, der noch nie in seinem Leben geschlagen worden war, dachte, das sei wohl angesichts des Lohns von langem Leben nicht so schlimm, und war einverstanden. Die Himmlischen erhoben sich, packten ihre Knüppel und schlugen auf den König ein, bis er tot umfiel. Das ging ziemlich schnell, denn es waren starke Männer, die harte Arbeit gewohnt waren und kräftig zuschlagen konnten.

Danach zerstreuten sie sich, waren bald wieder daheim und ein jeder ging wie gewohnt seiner täglichen Arbeit nach.

In der Burg wurden die Männer des Königs immer unruhiger. Sie wussten nicht, wo ihr König war und wo sie suchen sollten. Tagelang streiften sie durchs Land und fragten, ob nicht irgendjemand etwas vom König gehört hatte. Nun flüsterten sich die Leute zwar Gerüchte zu, er sei beseitigt worden, aber da alle froh waren, von ihm befreit zu sein, verriet niemand ein Sterbenswörtchen.

Von da an lebte es sich gut in dem kleinen Königreich.

Künga Legpas gute Absicht

Eines Tages ging das Mädchen Dölma zum Fluss, um Wasser zu holen. Sie wusch den großen Kochtopf der Familie im dahinplätschernden Wasser aus und sang dabei ein ziemlich freches Liedchen. Wie hübsch das Wasser auf den Steinen glitzerte, wie schön der Topf sich füllte. Der Sommer hatte begonnen, es war warm, und man musste morgens keine Löcher in das Eis hauen, um an das Wasser heranzukommen. Dölma dachte: So ein wunderschöner Tag!

Den Mann sah sie erst, als er schon recht nahe war. Er machte große Schritte, ließ sein Bündel fallen und wedelte mit den Armen.

»He, Mädel!«, rief er. »Höre, du musst mir helfen!«

»Wie soll ich dir denn helfen?«, fragte sie.

»Heb den Rock, Kleine«, keuchte er und schon hatte er sie erreicht und zerrte an ihrer Chuba.

Dölma ließ vor Überraschung den Topf fallen.

»Was soll denn das?«, schrie sie. »Das sind ja ganz neue Sitten!« Und mit aller Kraft stieß sie ihn zurück.

Der Mann hatte nicht allzu fest zugepackt. Er taumelte zurück und rang um sein Gleichgewicht, während Dölma so schnell sie konnte nach Hause rannte.

»Amala!«, rief sie schon von Weitem der Mutter zu. »Stell dir vor, was passiert ist! Da kommt doch ein Kerl den Fluss entlang und zerrt an mir und sagt, ich soll den Rock heben. So ein komischer Kerl mit einem dicken Bart wie ein schwarzes Bärenfell im ganzen Gesicht. Wer hat denn so was schon gesehen! Und Augen, sag ich dir, die kullern ihm fast aus dem Kopf. Also wirklich, eilig hatte er es, als würde er gleich platzen. Dem hab ich's aber gegeben!«

Dölma schnaubte empört und erwartete, dass ihre Mutter ihre Empörung teilen würde. Doch die Mutter schwieg, strich sich nachdenklich übers Haar und fragte: »Was sagst du, einen dicken schwarzen Bart hat er? Und große runde Augen und dicke Augenbrauen darüber? Ja? Und eine Chuba wie die Leute aus dem Süden?«

»Ja, ja!«, antwortete die Tochter. »Genauso sieht er aus. Kennst du den etwa?«

»Ich habe gehört, der große Meister Künga Legpa sei in unserer Gegend«, sagte die Mutter aufgeregt. »Das muss er sein. Oh, ihr Götter, der große Künga Legpa! Geh sofort zum Fluss zurück! Er ist so ein großer Meister, es ist ein unglaublich gutes Karma, ihm zu begegnen. Sag ihm, er kann machen, was er will. Es ist ein großes Glück.«

»Wenn du meinst«, sagte Dölma und lief zum Fluss zurück. Der Kerl hatte ihr nicht gefallen, mochte er auch ein berühmter Meister sein. Sie hatte da ihre eigenen Vorstellungen – und sie musste lächeln bei dem höchst vergnüglichen Gedanken an einen bestimmten jungen Mann. Ja, wenn es der gewesen wäre! Aber da Amala sagte, dieser Künga Legpa sei ein großes Glück, dann war es wohl so.

Der Mann saß am Flussufer und machte keine Anstalten aufzustehen, als sie ihn erreicht hatte.

»Meine Amala sagt, Ihr seid ein großer Meister«, sagte Dölma. »Und ich soll Euch ausrichten, dass Ihr machen könnt, was Ihr wollt, weil es ein großes Glück ist.«

»Zu spät«, sagte er. »Jetzt ist nichts mehr zu machen.«

»Warum ist nichts mehr zu machen?«, fragte sie. Warum sollte jetzt nicht mehr getan werden können, was ihm gerade vorher noch so wichtig war?

Der Meister strich über seinen sehr dichten, krausen Bart. »Ach, weißt du, ich sah mit meinem dritten Auge, dass ein hoher Lama, der kürzlich gestorben ist, gerade dabei war, sich Hals über Kopf im Bauch einer Eselin zu reinkarnieren. Hättest du mitgemacht, hätte ich ihn retten können. Aber du wolltest ja nicht. Jetzt ist er schon drin.«

Dölma trug ihren Topf voll Wasser nachdenklich nach Hause. Da sieht es aus, als sei es schlechtes Karma, wenn man von einem Fremden überfallen wird, dachte sie. Und dann stellt sich heraus, dass man die Mutter eines Lamas hätte werden können, und das ist doch wohl ein riesig gutes Karma. Was soll man nun davon halten?

Künga Legpa bringt zu Ende, was er begonnen hat

Künga Legpa, der Meister der Lehren, sah eines Tages mit seinem geistigen Auge, dass er ein Mädchen namens Sangmo besuchen sollte. Er stieg über einen hohen Pass, und dahinter lag ein Tal, in dem Sangmo wohnte. Er traf sie beim Wasserholen und bat um eine Unterkunft für die Nacht. Das Mädchen zögerte nicht, dem fremden Yogi ein gutes Abendessen und ein Lager für die Nacht anzubieten.

Nach einem ausgiebigen Essen und noch ausgiebigerem Genuss von Chang fragte Künga Legpa das Mädchen, ob sie noch Jungfrau sei. Sangmo erklärte in aller Aufrichtigkeit, sie sei im Jahr zuvor einmal im Nachbardorf gewesen, und da sei einer der jungen Männer nachts zu ihr gekommen und habe seinen Penis in sie gesteckt. Das habe ihr allerdings nicht gefallen. Und deshalb, erklärte sie, würde das wohl nicht zählen.

Künga Legpa wandte ein, Vögeln sei Vögeln und Jungfrauen seien ihm lieber.

Das Mädchen wollte seinen Standpunkt verteidigen und sagte, dass der Mond, vom Himmelsdrachen gefressen, doch immer wieder aufgehe, und die Blume, von der Kälte zerstört, immer wieder erblühe. Diese Argumente überzeugten den Meister und er folgte ihr ins Bett. Dabei ging es dann recht munter her und bald drückte sich ein Nachbarskind neugierig zur Tür herein.

»Da ist ein Kind im Zimmer«, sagte das Mädchen.

»Das macht nichts«, sagte Künga Legpa. »Wir haben's begonnen und wir bringen's zu Ende.«

Das Kind lief hinaus und sagte den Nachbarn, da sei was los im Haus der Sangmo. Im Nu hatten sich am Fenster und an der Tür mehrere Nachbarn versammelt und lästerten über das, wie sie sagten, schamlose Paar.

Künga Legpa rief ihnen zu: »Worüber regt ihr euch auf? Wenn ihr nicht wisst, wie man das macht, dann schaut jetzt mal zu, so könnt ihr was lernen.«

Und er brachte es zu Ende.

Das Mädchen Sangmo, so berichtet Künga Legpas Biografie, schämte sich so fürchterlich, dass dies all ihr schlechtes Karma aus früheren Leben aufzehrte und das Glück sie von da an stets begleitete.

Lehrgeschichten

Lehr- oder Weisheitsgeschichten dienten dazu, dem Volk auf unterhaltsame und eindringliche Weise Inhalte der buddhistischen Lehren nahezubringen. Schon die ursprünglichen Lehrreden des Buddha enthielten in der Form von Gleichnissen sein philosophisch-psychologisches System, das erst Jahrhunderte später in abstrahierter Form in den Texten des Abhidharma zusammengefasst wurde.

Wie man weiß, erinnert man sich an Geschichten mit klaren Pointen viel leichter als an abstrakte Darlegungen, seien sie noch so logisch. Von dieser Kraft der Geschichten wurde in der tibetisch-buddhistischen Tradition reichlich Gebrauch gemacht, oft mit dem typischen Augenzwinkern, denn auch bei der Religion wie in jeder Form des gesellschaftlichen Lebens darf der Humor auf keinen Fall fehlen.

Dieses Element der Leichtigkeit findet man in vielen tibetischen Lehrgeschichten. Repräsentativ dafür ist der folgende beliebte Spruch: »Ein guter Bauer wirft seinen Mist nicht weg. Vielmehr trägt er den Dünger der Erfahrung auf das Feld der Erleuchtung.« Es ist zwar davon auszugehen, dass wir schon reichlich Fehler in unserem Leben gemacht haben, was aber nicht so schlimm ist, sofern wir aus ihnen lernen und sie so auf dem spirituellen Entwicklungsweg zu Weisheit und Mitgefühl fruchtbar machen.

Tibetische Lehrgeschichten dienen nicht selten dazu,

festgefahrene Meinungen humorvoll aufs Korn zu nehmen, manchem Heiligenschein die Luft abzulassen und die grundlegende Relativität aller Konzepte deutlich zu machen. An erster Stelle steht dabei die übliche Trennung von Leben und Tod. Den Tod als einen Teil des Lebens zu betrachten, ist nach buddhistischer Ansicht unabdingbar für die geistige Gesundheit, und diese Haltung wird in vielen Geschichten entsprechend gefördert.

Ein tibetischer Mönch erzählte mir, dass er bei seiner Ausbildung zur Begleitung Sterbender gelernt habe, man dürfe einen Sterbenden auf keinen Fall belehren wollen, dass er jetzt sterben müsse, wenn er das nicht wissen wolle. Nicht jeder Mensch sei bereit, die Tatsache des Todes in einem langen Entwicklungsprozess in sein Leben zu integrieren. Wenn man ihn nun damit bedränge, würde ihn dies in große Unruhe und Verwirrung stürzen und dies sei die allerschlechteste Voraussetzung für den Sterbeprozess. Im Gegenteil solle man alles tun, um den Geist des Sterbenden zu beruhigen, und alles Störende fernhalten.

Davon handelt etwa die Geschichte vom sterbenden Zimmermann und dem roten Fürsten, dem Buddha Amitabha. Diese Meditationsgottheit empfängt dem Mythos entsprechend den Verstorbenen und bringt ihn in ein »Reines Land«, in dem man eine lange Zeit ungestört meditieren kann, um so eine geeignete Wiedergeburt vorzubereiten. Amitabha ist mit rotem Licht verbunden, der Weisheitsenergie des reinen Mitgefühls.

Der rote Fürst

Es war einmal ein Zimmermann, dessen Leben neigte sich dem Ende zu. Er wurde sehr krank und konnte das Bett nicht mehr verlassen. Dass es ans Sterben gehen sollte, davon wollte er aber nichts wissen. Er sei nur ein bisschen krank, sagte er, und er würde bestimmt bald wieder aufstehen und arbeiten können.

Die einzige Tochter des Zimmermanns, die er nach dem frühen Tod der Mutter allein aufgezogen hatte, versäumte keine der Unterweisungen eines weisen Lamas im nahe gelegenen Kloster. Ihr Vater hingegen war zwar ein braver, gutherziger Mann, hatte sich aber nie um die buddhistischen Lehren gekümmert. Wann immer die Tochter ihn überreden wollte, mit zum Lama zu gehen, sagte er: »Mach du nur, Kind, dein Vater muss arbeiten.«

Als nun die Tochter sah, dass es mit dem alten Mann zu Ende ging, machte sie sich große Sorgen, weil er sich nicht mit dem Sterben und den nötigen Vorbereitungen befassen wollte. Wie kann ich nur meinem Vater helfen, gut zu sterben, überlegte sie. Der Lama empfahl ihr, die Edle Tara, die Gottheit ihrer Meditationen, um Hilfe zu bitten. Das tat sie und Arya Tara gab ihr die richtigen Worte ein.

»Vater, höre, ich habe eine wunderbare Neuigkeit«, sagte die Tochter zu dem Kranken. »Es hat sich herumgesprochen, was für ein guter Zimmermann du bist. Ein Fürst will dir den Auftrag geben, ihm einen großen Palast zu bauen. Er heißt Fürst Amitabha und hat eine Vorliebe für die Farbe Rot. Alles in seinem Palast soll rot sein, der Boden, die Wände, die Decken, das Dach, einfach alles. Du kannst dir ja schon mal ein paar Gedanken darüber machen.«

Der Vater war überglücklich und dachte an nichts anderes mehr als an den roten Palast, denn er bauen sollte, und bemerkte kaum, dass er immer schwächer wurde. Nur dass er nicht genug Kraft hatte, um zu dem Fürsten zu gehen und seinen Auftrag entgegenzunehmen, beunruhigte ihn.

Die Tochter sagte: »Der Fürst hat Verständnis für deine Lage. Er wird bald selbst kommen und den Auftrag mit dir regeln.«

»Ausgezeichnet«, sagte der Vater zufrieden. »Ich habe alles schon genau im Kopf und bald bin ich wieder gesund.« Doch er wollte vorher wissen, wie der Fürst Amitabha aussah.

»Sehr schön und edel ist er und er trägt kostbare rote Gewänder«, sagte die Tochter. »Sogar seine Haut hat einen roten Schimmer.«

Es kam ein Morgen, an dem das Mädchen spürte, dass ihr Vater nun sterben würde. Doch die ersten Worte, die er sprach, enthielten die Frage nach dem Bauauftrag des roten Fürsten.

»Er wird heute kommen«, sagte das Mädchen und hielt die Hände ihres Vaters. »Ganz bestimmt wird er kommen, er hat es ja versprochen.«

Der Zimmermann atmete schwer. Plötzlich erhellte sich sein Gesicht und er schaute mit strahlenden Augen zur Tür.

»Oh, er ist gekommen, der Fürst Amitabha«, sagte er beglückt. »Er hat sein Wort gehalten.«

Und lächelnd, den Geist erfüllt vom roten Licht Amitabhas, schied er dahin.

Der heilige Zahn

Es war einmal vor langer Zeit eine einfache Frau, die ein frommes Leben führte, indem sie allen Wesen mit einem mitfühlenden Herzen begegnete. Sie hatte einen Sohn, der jedes Jahr als Händler mit einer Karawane nach Indien reiste und mit den Waren, die er dort eingetauscht hatte, gute Geschäfte machte.

Eines Tages wollte seine Mutter wissen, ob er auf seinen Reisen auch nach Bodhgaya komme, zum Erleuchtungsort des Buddha, das sei doch sehr gut für sein Karma.

»Ja«, sagte der Sohn, »nach Bodhgaya komme ich auch, das ist ja ein berühmter Pilgerort. Dort treffen sich viele Händler.«

»Ich rede von Bodhgaya doch nicht wegen der Händler«, erwiderte die Mutter, »sondern weil es Buddhas Ort des Erwachens ist. Es verbessert das Karma, unter Buddhas Erleuchtungsbaum zu beten. Das solltest du tun. Und wenn du dort bist, dann bringe mir doch bitte eine kleine Reliquie mit oder einen Talisman.«

Aber ja, gewiss, das wolle er tun, sagte der Sohn und hatte es schon vergessen, kaum dass er losgezogen war. Tatsächlich kam er nach Bodhgaya, aber dort ging es ihm vor allem um die Geschäfte mit den Händlern. Er dachte an alles andere als an den Wunsch seiner Mutter.

Als er wieder nach Hause kam, freute sich die Mutter sehr, dass ihr Sohn wohlbehalten zurückgekehrt war, denn sie hatte natürlich oft an ihn gedacht und gebetet, dass ihm auf der langen und gefährlichen Reise nichts geschehen möge.

»Und hast du mir etwas aus Bodhgaya mitgebracht?«, fragte sie.

»Ach, es tut mir so leid«, sagte er beschämt, »ich hab's vergessen. Aber du weißt ja gar nicht, was alles los ist bei solch einer Reise, worum man sich alles kümmern muss. Ich verspreche dir, das nächste Mal denke ich ganz gewiss daran.«

Die Mutter zündete enttäuscht auf dem Schrein die Butterlampe an und bereitete ein kleines Dankopfer für die glückliche Heimkehr des Sohnes vor.

»Aber bitte, bring mir nächstes Mal etwas mit«, sagte sie. »Es kann ja etwas ganz Kleines sein. Nur den Segen des Buddha soll es haben.«

Der Sohn nahm sich ganz fest vor, den Wunsch seiner Mutter nicht zu vergessen. Seine nächste Reise war wieder lang und erfolgreich und er kehrte sehr zufrieden nach Hause zurück. Erst als seine Mutter ihn erwartungsvoll ansah, fiel ihm das Geschenk ein, an das er nicht gedacht hatte.

Die Enttäuschung der Mutter war schmerzlich anzusehen. Sie schüttelte den Kopf und Tränen liefen über ihr Gesicht.

Während sie das Dankopfer für die glückliche Heimkehr des Sohnes vorbereitete, murmelte sie vor sich hin: »Was für ein undankbarer Sohn. Wenn er mir beim nächsten Mal wieder nichts vom Buddha mitbringt, werde ich wohl bald sterben.«

Der Winter verging und der Sohn ging wieder auf Handelsreise. Diesmal dachte er auf dem langen, schwierigen Weg über die Berge an den Wunsch seiner Mutter, auch dann, als es ins flache indische Land hinunterging. Aber während der vielen Ereignisse der Reise, wo er zudem auch noch sehr aufregende Erfahrungen mit einem leichtfertigen Mädchen machte, vergaß er jeden Gedanken daran.

Erst auf der Heimreise, nicht mehr allzu weit von seinem Heimatort entfernt, fiel ihm die Mutter wieder ein. Das schlechte Gewissen setzte ihm zu. Würde die Enttäuschung ihr möglicherweise die Lebenskraft rauben?

Als er diesen Gedanken nachhing, begann es in seinem Bauch zu rumoren, und er schaute sich um, wo er sich erleichtern könnte. Da sah er im Gebüsch ein Hundegerippe liegen, und ihm fiel ein, dass es irgendwo in einem buddhistischen Land einen Tempel gab, in dem ein Zahn des Buddha aufbewahrt wurde. Ein Händler musste wohl davon erzählt haben. Das war die Rettung – ein heiliger Zahn. Geschwind brach er einen Zahn aus dem blanken Kiefer, polierte ihn ein wenig und wickelte ihn in ein kostbares Stück Brokat, das er in seinem Gepäck hatte.

Die Mutter war überglücklich, als er ihr die Reliquie, einen Zahn des Buddha, überreichte. Sofort legte sie das Bündel auf ihren Schrein und noch nie hatte sie sich bei einem Dankopfer so gesegnet gefühlt. Als wäre der Buddha direkt bei ihr.

Von da an verbrachte die Mutter viel Zeit vor ihrem Schrein, und so inspiriert war sie vom heiligen Zahn, dass ihre Hingabe wuchs und wuchs. Allen ihren Bekannten fiel auf, dass sie immer weiser wurde. Eines Tages bemerkte sie Regenbogenlicht um den heiligen Zahn, und bald begannen auch andere die seltsamen Lichterscheinungen um die Reliquie zu sehen. Immer mehr Freundinnen und Nachbarn versammelten sich in ihrem Schreinzimmer, und man nannte sie eine weise Yogini. Schließlich starb sie in hohem Alter, in Regenbogenlicht gehüllt.

Die Esel-Wiedergeburt

In einem kleinen Kloster, weit entfernt von den Karawanenstraßen, lebte ein Häufchen braver Mönche. Als der Abt ihres Klosters starb, waren sie ganz außer sich. So ein hoher Lama, sagten sie. Das habe man schon daran sehen können, wie geschickt er seine Besucher stets dazu bewegt hatte, ordentlich Spenden für das Kloster zu geben. Sie ließen nun alle Welt wissen, dass nach seinem Tulku, seiner hohen Wiedergeburt, gesucht werden müsse.

Das war nicht so einfach, denn der Abt hatte keinerlei Hinweise auf den Ort oder die Umstände seiner Wiedergeburt hinterlassen und es schien auch kein hoher Lama weit und breit irgendwelche Visionen zu haben.

Die Zeit verging, aber die Mönche wollten nicht aufgeben. In ihrer Not schickten sie schließlich ein paar Abgesandte zu einem weit entfernten Kloster, dessen Oberhaupt als außerordentlich weise verehrt wurde und tatsächlich schon Tulkus gefunden hatte. Der weise Lama nahm die Mönche huldvoll auf, ließ sich berichten, wie es dem kleinen Kloster gehe, aber auf die dringende Frage, wo der verstorbene Abt wohl wiedergeboren worden sei, antwortete der hohe Lama nur: »Ach, das wollt ihr gar nicht wissen.«

Die Mönche beteuerten, dass sie das sehr wohl wissen wollten, ja dass alle zu Hause sehr unglücklich wären, wenn sie nicht wenigstens mit ein paar Hinweisen zurückkämen. Schließlich gab der weise Lama ihren Bitten nach und beschrieb, in welcher Gegend sie suchen müssten.

Beglückt kehrten die Abgesandten heim, und alle Mönche machten sich sogleich auf den Weg, denn der Ort, auf den der weise Lama hingewiesen hatte, war nicht allzu weit entfernt. Ein Tal mit einem kleinen Flüsschen, ein Gehöft mit einem roten Tor, eine hügelige Weide dahinter. Am Rand der Weide sollten sie dann einfach nach ihrem Abt rufen.

Es war alles so, wie der weise Lama gesagt hatte: das Flüsschen, das Gehöft, das rote Tor und die hügelige Weide dahinter. Also stellten sich die Mönche an den Rand der Weide und riefen den Namen ihres Abts, zuerst zögernd, dann mit voller Stimmkraft.

Und siehe, es kam eine Antwort. Ein begeisterter Schrei, und über den Hügel kam ein Esel angerannt, so schnell ihn seine Hufe trugen. Als die Mönche kleinlaut heimwärts zogen, war der Esel nicht davon abzuhalten, ihnen zu folgen, ja er lief ihnen sogar voraus und fand das Heimatkloster ohne Mühe.

Eule und Fischotter

Es geschieht nur einmal im Jahr an einem Vollmondtag an einem See in Tibet.

Abends kommen Eulen und lassen sich auf den niedrigen Ästen der Bäume am Ufer nieder und warten. Dann kommen Fischotter herbei und bringen den Eulen Fische. Die Eulen verschlingen sie augenblicklich und reißen sofort wieder gierig die Schnäbel auf. Die Fischotter schwimmen davon und fangen erneut Fische, so schnell sie können, und bringen sie wieder den Eulen. Ganz außer Atem sind sie vor lauter Eile. Die Eulen schnappen zu, als wären sie am Verhungern, und kaum haben sie die Fische geschluckt, wollen sie mehr und stoßen ungeduldige Schreie aus.

So geht das die ganze Nacht hindurch. Die Eulen rupfen schließlich nur noch kleine Stücke aus den Fischen heraus und lassen den Rest einfach fallen, schreien aber weiter und machen mit Schnabelhieben deutlich, dass sie mehr wollen. Die Fischotter nehmen die schmerzhaften Schnabelhiebe der Eulen hin, und selbst wenn sie schon völlig erschöpft sind, bringen sie immer noch weitere Fische. Erst wenn der Mond untergegangen ist, kehren Eulen und Fischotter zu ihrem normalen Leben zurück.

Die Menschen sagen, Bodhisattvas seien die Urheber dieses seltsamen Treibens, als Warnung, damit das Bodhisattva-Ideal der Liebe und des Mitgefühls nicht auf verwirrte Weise verstanden würde. Denn diese Verdrehung wäre für die eine wie für die andere Seite von Übel.

Glück oder Unglück

Es war einmal ein Bauer, der hatte nur ein einziges Pferd. Eines Tages lief dieses Pferd, von irgendetwas erschreckt, auf und davon und ward nicht mehr gesehen.

»Oje, du Armer«, sagten die Nachbarn, »wo du doch nur dieses eine Pferd hattest. Was für ein Unglück.«

»Ob es ein Unglück ist«, sagte der Bauer, »oder ein Glück, man weiß es nicht, man weiß es nicht.«

Kurz darauf kam das Pferd zurück und sieben Wildpferde folgten ihm auf seine Koppel und blieben dort.

»Das ist ja nicht zu fassen«, sagten die Nachbarn nicht ganz ohne Neid. »Erst warst du so arm, hattest nicht mal ein Pferd, und jetzt hast du mehr Pferde als alle anderen im Dorf. Was für ein Glück.«

»Ob es ein Glück ist«, sagte der Bauer, »oder ein Unglück, man weiß es nicht, man weiß es nicht.«

Der Bauer hatte einen einzigen Sohn, der beschloss, dass man die Wildpferde zureiten müsse, dann könne man eine Menge guter Waren dafür einhandeln. Obwohl die Nachbarn ihm rieten, damit noch zu warten, wenigstens so lange, bis die Pferde sich gut eingewöhnt hätten, ließ der Sohn sich nicht abhalten. Er war ein guter Reiter, aber er wurde abgeworfen und brach sich den Arm.

»Oh, das ist schlimm«, sagten Nachbarn, »jetzt hat sich dein einziger Sohn den Arm gebrochen und du hast gar keine Hilfe mehr. Was für ein Unglück.«

»Ob es ein Unglück ist«, sagte der Bauer, »oder ein Glück, man weiß es nicht, man weiß es nicht.«

Gerade zu dieser Zeit brach ein feindlicher Stamm in das Land ein, und alle jungen Männer wurden zusammengerufen, um gegen die Feinde in den Krieg zu ziehen. Alle

Nachbarn mussten ihre Söhne schweren Herzens gehen lassen.

»Dass sich dein Sohn gerade jetzt den Arm brechen musste«, sagten die Nachbarn nicht ganz ohne Neid. »Jetzt kann er nicht in den Krieg ziehen. Was für ein Glück.«

»Ob es ein Glück ist«, sagte der Bauer, »oder ein Unglück, man weiß es nicht, man weiß es nicht.«

Was auch immer weiterhin geschah, wissen wir nicht. Aber sicher ist, dass die Nachbarn von da an die Weisheit dieses Bauern übernahmen und bei vermeintlichem Glück oder Unglück zueinander sagten: »Man weiß es nicht, man weiß es nicht.«

Geschichten der Tara

Tara ist die bekannteste tibetische Meditationsgottheit und Gegenstand der Meditation in allen tibetisch-buddhistischen Traditionslinien. Jedes tibetische Kind kennt sie. Sie hat den Titel »Mutter aller Buddhas« und ist ein Buddha in weiblicher Form. Als die »Einundzwanzig Taras« tritt sie in unterschiedlichen Aspekten auf, aber die Hauptfigur, die grüne Tara, beinhaltet die umfassende mütterliche Qualität des vollkommenen Mitgefühls. Man kann Tara jederzeit um Hilfe bitten. Sie ist die Weisheitsenergie, die liebevoll beschützt und beisteht, zugleich ist sie aber auch diejenige, an die man sich mit spiritueller Hingabe wendet, um selbst andere mitfühlend unterstützen zu können.

In westlichen Sprachen wird Tara als »Gottheit« bezeichnet, doch ist sie eher als das »göttliche Weibliche« zu verstehen. Sie ist die mütterliche Kraft und Macht der liebevollen Zuwendung und des allumfassenden Mitgefühls, der Intelligenz und Intuition reiner Liebe. Von ihr wird erzählt, dass sie – anders als andere Meditationsgottheiten – menschlichen Ursprungs ist und ihre Fähigkeiten in langen Zeiträumen erst nach und nach manifestiert hat. Somit kann jeder Mensch sich mit ihrem Werdegang identifizieren, sich selbst als potenzielle Tara begreifen und letztlich verwirklichen. Kein Wunder, dass Dölma, die tibetische Version des Sanskritnamens Tara, der beliebteste Frauenname in Tibet ist.

Die große Bedeutung von Tara in der Gesellschaft des alten Tibets hat eine schützende und bewahrende Haltung allem Leben gegenüber gefördert. Deshalb gebührt den Geschichten über sie ein abschließender Ehrenplatz in dieser kleinen Geschichtensammlung.

Ursprungsgeschichte der Arya Tara

Einst, in einem Zeitalter, vor dem gar nichts war, nahm der Buddha namens »Trommelklang« Existenz an. Damals lebte ein König, dessen Tochter, die Prinzessin mit dem Namen »Weisheitsmond«, eine tiefe Wertschätzung für die Lehre des Buddha entwickelte. Während einer unendlich langen Zeit – es ist die Rede von zehn Millionen und hunderttausend Jahren – brachte sie ihm und seinem Gefolge die kostbarsten Opfergaben dar. Auf dieser Existenzebene lebte man sehr lang.

Nach jener sehr, sehr langen Zeit fühlte sie ihren Erleuchtungsgeist, und als dies geschah, legte sie vor dem damaligen Buddha das Bodhisattva-Gelübde ab, das Versprechen, dass sie die Erleuchtung erlangen wolle, um allen Wesen in aller erdenklichen Weise zu helfen.

Die Mönche – die gab es schon zu allen Zeiten früherer Buddhas – waren darüber sehr erfreut und sagten, die Prinzessin solle darum beten, bald im Körper eines Mannes wiedergeboren zu werden. »Auf diese Weise wirst du den fühlenden Wesen und dem Dharma weit besser zum Wohle dienen können«, meinten sie in aller Selbstverständlichkeit, denn sie wussten es nicht besser.

Die Prinzessin Weisheitsmond, im Wissen um die vollkommene Natur aller Dinge, lachte über diesen guten Rat und antwortete: »In diesem Leben gibt es keine Unterscheidung von männlich oder weiblich, ebenso wenig wie man von der Identität eines Selbst reden kann. Deshalb ist ein Festhalten an Ideen wie männlich oder weiblich völlig unsinnig. Nur schwachköpfige Weltlinge halten an solchen Bezeichnungen fest.« Und dann gelobte sie: »Es gibt zwar viele, die in der Form eines Mannes Erleuchtung erlangen wollen, aber nur wenige, die sich in einem weiblichen Körper für das Wohl aller Wesen einsetzen möchten. Deshalb will ich in einem weiblichen Körper für das Wohl aller Wesen wirken, und zwar bis ans Ende von Samsara.« Das heißt, bis zum Ende derjenigen Zeiten, in denen Begierde, Aggression und Ignoranz und alle damit verbundenen Emotionen herrschen.

Dann verweilte sie zehn Millionen und hunderttausend Jahre im Zustand der Meditation im königlichen Palast, erkannte die wahre Natur des Geistes und lernte die Meditation beherrschen, die alle Wesen befreit. Damit wurde sie schließlich zur Weisheitsgottheit Arya Tara, Edle Tara.

Das Tara-Tantra wurde äonenlang weitergegeben, von einem Buddha zum nächsten. Und in vielen Geschichten wird berichtet, wie sie sich als Beschützerin vor Ängsten, Gefahren und Dämonen erwies.

Im Zeitalter »Ohne Anfang« lebte ein Mönch, genannt »der Makellose«, der schließlich zur Gottheit Avalokiteshvara wurde. Aus seinem Herzen – manchmal heißt es auch, aus einer Träne – manifestierte sich Tara, und undenkbare Zeitalter lang half sie den fühlenden Wesen auf vielerlei Weise – bis heute.

Tara schickt Schnee

Bokar Rinpoche, der Abt eines Klosters und großer Meister, der eine sehr innige Beziehung zu Tara hatte, berichtete davon, wie Tara 1959 bei seiner Flucht vor den Chinesen half. Mit einer großen Gruppe von Mönchen, Nonnen und Laien machte er sich auf den Weg, den Himalaja an der Grenze zu Nepal zu überqueren. Schon bevor die Reise begann, bat er alle, die mit ihm fliehen wollten, die Tara-Meditation zu praktizieren, und auch unterwegs wurde Tara immer wieder mit ihrem Mantra angerufen.

Die Flucht war ein gefährliches Unterfangen. Überall patrouillierten chinesische Truppen, und selbst die Bergbewohner waren eine Gefahr, denn wie sollte man Menschen trauen, die angesichts eines chinesischen Gewehrlaufs nicht würden schweigen können? Also blieb nichts anderes übrig, als auf den geheimsten, schwierigsten Wegen das riesige Gebirge zu überqueren, doppelt erschwert durch den Tross von Pferden, Yaks, Schafen und Ziegen, auf den die Nomaden keinesfalls verzichten konnten.

Sie beeilten sich, sosehr es ihnen möglich war, doch solch eine große Gruppe kam nun einmal nur langsam voran. Und als wäre es nicht schlimm genug, die Chinesen hinter sich zu wissen, gab es noch ein Gerücht, dass sich in der Gegend des vor ihnen liegenden Passes Khampa-Kämpfer einer chinesischen Patrouille entgegenstellten. Das war nun wirklich eine ganz schreckliche Nachricht.

Was tun? Weiterziehen und auf Glück hoffen? Oder einen anderen Weg nehmen, der länger und noch schwieriger war und über einen noch höher gelegenen Pass führte, wo sie mit Verlusten von Tieren und vielleicht sogar Menschen rechnen mussten?

»Das geht nicht«, sagten die Leute. »Wir brauchen doch unsere Tiere und sie sind jetzt schon müde. Wir wollen den einfacheren Weg nehmen, es wird schon gut gehen.«

Doch der Rinpoche beschwichtigte die verzweifelte Gruppe und vollzog ein großes Ritual, um Tara herbeizurufen, und unternahm danach eine Orakelbefragung, welcher der beiden Wege wohl sicherer sei. Das Orakel wies eindeutig auf den schwierigeren Weg hin. Also packten alle ihre Sachen zusammen und zogen weiter, voller Vertrauen auf Taras Hilfe.

Der Weg war schlimmer, als sie es sich vorgestellt hatten. Er führte als schmaler Pfad über steile Hänge, wo nur einer hinter dem anderen gehen konnte und sie von Weitem sichtbar waren. Schließlich erreichten sie den letzten Pass, der zur Grenze nach Nepal führte. Schon warfen die Männer ihre Hüte hoch und schrien »Lha Gyelo – die Götter siegen!«, wie es beim Überqueren von Pässen üblich ist, da begann es zu schneien. Und es schneite so heftig, dass sie im immer tiefer werdenden Schnee nur mit großer Mühe vorankamen. Der Pass zog sich lange hin, der Trampelpfad durch das felsige Gelände war nicht mehr sichtbar, erschöpfte Tiere blieben im Schneetreiben stecken und mussten zurückgelassen werden, Gepäck ging verloren.

»Warum hilft uns Tara nicht?«, jammerten manche, doch die meisten kämpften sich mit dem Tara-Mantra auf den Lippen oder zumindest im Geiste voran.

Plötzlich fiel kein Schnee mehr, und der Pass konnte ohne weitere Verluste überquert werden. Bald erreichten sie das kleine Königreich Mustang jenseits der nepalesischen Grenze.

Später erfuhr der Rinpoche, dass eine chinesische Patrouille ihnen tatsächlich gefolgt war und sie fast schon erreicht hatte, als der Schneesturm begann. Ohne seine Hilfe wären viele der Flüchtenden, allen voran der Rinpoche, erschossen worden und die übrigen hätte man in chinesische Gulags deportiert. Und der Schneefall hatte aufgehört, bevor auch nur einer der Reisenden zu Schaden gekommen war.

Was für ein wundersamer »Zufall«. Der Rinpoche zweifelte nicht daran, dass es Taras Hilfe war, die sie alle gerettet hatte.

Ulli Olvedi

Tibet hinter dem Spiegel

Ein altes, wertvolles Rollbild verschwindet aus einem Kloster in Tibet. Ein tibetischer Maler sakraler Bilder, der in Nepal für die Kunstmafia arbeitet, wird ermordet. Ein Freund des Malers, Tashi, wird verfolgt und findet schließlich Unterschlupf in einem Nonnenkloster.
Diese Ereignisse führen dazu, dass drei sehr unterschiedliche Personen in Kathmandu zusammentreffen: der Tibeter Tashi, der lange im Westen gelebt hat, die deutsche Buddhistin Teresa, die seit vielen Jahren im Osten lebt, und Teresas Enkelin Joe, eine Punk-Göre auf Ferienbesuch.
Teresa hatte nach vielen Enttäuschungen nicht erwartet, sich jemals wieder zu verlieben. Doch Tashi, eingeweiht in die Praktiken der alten Yogini-Tantras, erweist sich als ein Mann, der lieben kann, fähig ist, mit ihr die Liebe in allen – auch den spirituellen – Dimensionen zu erforschen.
Doch Joe vergöttert den Tibeter und verrät, blind vor Eifersucht, sein Versteck. Die Verbindung mit dem verschwundenen Bild zwingt alle drei, in die Berge zu fliehen, an die Grenze zu Tibet – aber auch in die Grenzbereiche ihrer Seelenlandschaften.